ÁLVARO TUKANO

Organização da coleção Tembetá
Kaká Werá, Idjahure Kadiwel e Sergio Cohn

Projeto gráfico e foto
Sergio Cohn

ISBN 9786586962291

Agradecimento especial pela colaboração
na seleção e edição de textos para Entre-Visões e Cosmo-Visões
INCTI/UnB/CNPq
Letícia Simões, Rita Honotorio e José Jorge de Carvalho

Azougue Press
Coordenação geral Sergio Cohn
Brasil | CNPJ 12.272.339/0001-26
Portugal | NF 515805394
USA | E. Id. 803650511
Coordenação editorial Sergio Cohn | Darien Lamen
Chile | Tucán Ediciones RUT 77.369.106-1
Coordenação editorial Sergio Cohn | Cristián Jiménez Plaza

Azougue Press: mais que uma editora, uma ponte entre culturas

A coleção Tembetá traz a trajetória de pensadores indígenas no Brasil que têm contribuído para a cultura, a educação, os direitos humanos e a ecologia nos últimos quarenta anos. São personalidades que têm dedicado suas vidas a causas que vão além das suas respectivas culturas e que têm sensibilizado a sociedade humana como um todo.

A palavra tembetá é de origem tupy. Trata-se de um adorno usado no lábio inferior no rito de passagem que indica maturidade e capacidade de pensar e falar pelo seu povo. Por isso foi escolhido como símbolo desta coleção. Quando observamos a história oficial do Brasil até o início da década de 1990, praticamente toda a literatura e os documentos sobre os povos originários foi produzida pelos ditos "conquistadores" e seus descendentes. Foram raríssimas as vezes em que os próprios nativos falaram representando suas raízes, valores e visão de mundo.

A ideia central do projeto é dar voz narrativa àqueles que trazem a marca da ancestralidade em sua jornada de vida neste país. Para isso, cada edição reunirá intervenções escritas e orais (entrevistas, palestras e depoimentos) de grandes pensadores e pensadoras indígenas surgidos no Brasil desde a década de 1970.

A trajetória dos líderes, pensadores, ativistas e artistas escolhidos para compor a coleção serão disponibilizadas com o intuito de promover reconhecimento, reflexões, inspirações, e sobretudo apontar as contribuições de culturas milenares do Brasil representadas por alguns de seus expoentes.

É preciso dizer que hoje no Brasil são cerca de 380 povos chamados indígenas cujas origens remontam de 5 mil a 12 mil anos. Quase um milhão de remanescentes, dos quais algo em torno de 450 mil pessoas habitam as florestas e os demais habitam centros urbanos em praticamente todos os estados brasileiros. Além disso, pesquisas da UFMG (Universidade Federal de Minas Gerais) de 2005 na área da genética apontam que 63% do povo brasileiro considerado "branco" tem origem tupy. Ou seja, no país temos presentes raízes de culturas ancestrais nas mais diversas matizes de mestiçagem e ao mesmo tempo não damos voz histórica aos remanescentes destas origens. Isso causa uma sensação de negação de um si mesmo coletivo que reflete também na negação dos direitos humanos das gerações atuais que insistem em viver de acordo com seus valores e visões de mundo. Talvez o Brasil seja o único país do mundo que considera "estrangeiro" o nativo, e nativo o estrangeiro.

O desconhecimento das "vozes ancestrais" é oportunizado negativamente por uma parcela da sociedade com o preenchimento de um imaginário de destituição de dignidade dos descendentes das culturas milenares desta nação plural e diversa hoje chamada Brasil. Constantemente exploradores de minérios, senhores dos agrotóxicos (envenenadores da terra), cultivadores de experiências transgênicas, desmatadores da vida, difundem uma ideia pejorativa, folclórica e negligente de toda uma riqueza imaterial presente no modo de ser e de pensar destes inúmeros povos. Por isso esta coleção é mais de que uma publicação de uma série de livros. É dar voz a um Brasil que também somos.

Kaká Werá, organizador da coleção

ENTRE-VISÕES

SOBRE-VISÕES

COSMO-VISÕES

Conheci Álvaro Tukano no final dos anos de 1980, quando eu trabalhava na Secretaria de Cultura do Município de São Paulo e participava de um grupo de ação cultural dentro de uma proposta chamada "Embaixada dos Povos da Floresta" (criado por iniciativa de Ailton Krenak), que tinha seu espaço físico no Butantã, em um prédio setecentista da prefeitura conhecido como Casa do Sertanista. Este espaço na verdade era uma antiga casa dos bandeirantes (aqueles caras que capturavam índios), e nós naquela época fizemos uma experiência de ressignificação, transformando em uma "embaixada" para os líderes indígenas, caiçaras, caboclos, seringueiros, ribeirinhos. Lá também ocorriam as rodas de conversa sobre os temas que mais nos afligiam, inclusive as reflexões promovidas pela UNI (União das Nações Indígenas), uma das organizações semeadas pelo Tukano do Rio Negro.

Nossa amizade se estreitou em 1991, quando eu tinha uma ação social com foco na arrecadação de alimentos para a comunidade guarani de Krukutu, que era basicamente fazer palestras sobre cultura indígena em troca de alimentos não perecíveis. Naquela ocasião, alguns amigos do Rio de Janeiro criaram um debate a partir do lançamento do filme "Brincando nos Campos do Senhor", de Hector Babenco, e convidaram eu, Álvaro

Tukano e Fernando Gabeira para comentar o enredo em um seminário. Foi um sucesso. Arrecadamos, após esse evento e uma série de pequenos encontros com estudantes, quase meia tonelada de alimentos que foram disponibilizados para duas aldeias guarani de São Paulo: Krukutu e Tenondé Porã. No final da jornada, Álvaro comentou: "muito bem parente, amanhã nós talvez não teremos o que comer; mas nossos irmãos guaranis terão por um bom tempo."

A figura de Álvaro Tukano tem a expressão da indignação amazônica. Sua fala sempre foi forte, sem papas na língua. Tem pensamento próprio. Cortante. Hábil. Incisivo. Nasceu no coração da Amazônia. Filho do povo Tukano, Álvaro é um exemplo daquele ditado que diz "o feitiço vira contra o feiticeiro" no que se refere à relação entre os salesianos e o seu povo. A catequese salesiana chegou no rio Negro em 1915 e foi destituindo os modos organizacionais dos Iepá Mahsã, nome tradicional dos Tukanos. Eles foram proibidos de morarem em maloca, de seu jeito tradicional coletivo; foram proibidos de comer o ipadu (uma mistura de folha de coca com farinha de mandioca que fortalece a imunidade e previne doenças da floresta), foram proibidos de realizar seus ritos sagrados de conexão com o divino pela ayahuasca e foram estimulados à competitividade entre si. Em troca, a missão da catequese ofereceu a educação ocidental, o aprendizado da língua portuguesa, a oportunidade de conhecimento de ciências, história, matemática, literatura e medicina ocidental. Álvaro tornou-se um notório saber em sociologia e com o domínio da linguagem apontou os erros do dogmatismo e sectarismo salesiano. Foi agredido e praticamente expulso de sua região pelos próprios parentes catequizados. Fez disso um estímulo para com o tempo fazer parte da semeadura algumas das mais relevantes organizações indígenas do Brasil: a UNI (União das Nações Indígenas) e a FOIRN (Federação de Organizações Indígenas do Rio Negro).

Graças ao aprendizado ocidental, Álvaro rompeu a barreira opressora do sistema militar na sua época e foi o primeiro índio a tirar um passaporte. Para isso se fez passar por "descendente de japonês". E foi para a Holanda representar Mário Juruna em uma Conferência Internacional de Rotterdam, pois os tutores da FUNAI não permitiram que Juruna viajasse, dizendo que "índio não tem voz própria". Tempos depois, no Equador, o embaixador do Brasil usou o mesmo argumento para tentar barrar a voz amazônica que denunciava as barbaridades do governo militar no início dos anos 1980, que destruía florestas e aniquilava povos.

Atualmente, Álvaro Tukano coordena em Brasília o Memorial dos Povos Indígenas e continua estimulando as novas lideranças de diversos povos na defesa da floresta e de suas respectivas culturas. É um conselheiro para os jovens e um companheiro para os velhos. Domina conhecimento em diversas áreas da sociedade, mas com suas raízes e seu espírito bem ancorados nos valores mãos sagrados de seu povo.

ENTRE-VISÕES

A TRAJETÓRIA DE DOETIHIRO

Entrevista por Kaká Werá, Idjahure Kadiwel e Sergio Cohn
no Acampamento Terra Livre, Brasília, 19 de abril de 2017

Álvaro, conta um pouco da sua infância.

Eu sou Álvaro Tukano, nasci numa aldeia no alto da aldeia Rio Negro que se chama São Francisco, no Rio Tiquié, no distrito de Pari Cachoeira, que faz parte do município de São Gabriel, em 1953. Quando nasci, não era novidade para nós sentir a pressão de colonialismo, porque desde 1541, quando chegou a colonização, nossos parentes tiveram histórias trágicas e levaram de canoa, foram remadores de muitos dos invasores. Naquela época não tinha esse negócio de se organizar os povos indígenas, porque os índios já estavam organizados ao seu modo, mas de uma maneira errada eles ajudaram a difundir a economia e o avanço do Estado brasileiro. Essas histórias tristes são de mortes causadas pelo colonialismo. A chegada de homem colonizador. Eles usaram armas de fogo para amedrontar, para aprisionar, para prender os índios. Muitas regiões do Brasil têm essa história. Na minha época, já dita moderna, muitos índios já sabiam ler e escrever português, e eles eram instruídos para se tornarem capitães, que era o termo usado na nossa tribo, ou catequistas, que são os representantes dos padres nas comunidades para combater as tradições indígenas do Rio Negro.

Eu sou dessa época. Mas meu avô paterno, ele era um grande chefe. Meu avô veio de uma família tradicional. Eu faço parte dessa família, sou defensor dessa causa, claro que com uma posição muito mais preparada do que meus tataravôs e meu avô, quando se fala de tratar com o Estado brasileiro. Então eu vi a história do avô quando se fala da colonização, a história que ele contava para o meu pai. Mas esse avô um dia foi embora. Em 1964 meu avô morreu, ficou meu pai no lugar dele, e continuou a luta para defender as tradições, fazendo muitas reuniões tribais. Porque nós fazemos festas. A aldeia do meu pai, na terra Balaio, fica a 100 km de São Gabriel, e lá nós continuamos defendendo a nossa história, praticando as nossas cerimônias. Então, quando se fala tradição, são as histórias antigas da evolução da humanidade. Nós também tratamos dos cânticos sagrados, nos quais nós falamos de nosso mundo.

Tudo isso foi atacado pelos colonizadores: nossa maneira de entender, compreender e defender o nosso mundo tribal. E nós resistimos de uma maneira diferente e somos divididos pelos missionários. Muitos novos indígenas destruíram suas malocas tradicionais e as casas comunais e no lugar delas levantaram igrejas nas comunidades. A mesma coisa fizeram outros povos que tiveram contato com os evangélicos. A conclusão que eu chego hoje é que as comunidades indígenas, as aldeias indígenas que rezam nas igrejas cristãs perderam suas tradições. Os seus líderes estão confusos, ainda continuam acreditando muito nas teorias de salvação e se perdem. Eu tenho muitos parentes meus, homens e mulheres, que são missionários, que não falam de nossa história. O que eu defendo aqui são as histórias de nossa humanidade. Porque nós somos muitos povos diferentes, e isso deve ser preservado para as pessoas que nascem hoje e não conhecem ainda, assim como para aqueles que ainda vão nascer. São líderes que tem que ter uma história própria. Muitos nasceram nos momentos onde não existiam mais tradições. Eles não são culpados, mas eles têm que reaprender as nossas tradições. Têm que conhecer as suas raízes. A luta indígena é essa, né? Com os assuntos novos, com as novas gerações que precisam aprender as verdadeiras lições de seu povo. Esse é o movimento indígena.

Muito cedo, com 10 anos, você foi levado para estudar com os missionários. Como você enfrentou o convívio entre esses dois mundos?

O meu pai enfrentou um mundo muito difícil, ao ouvir de padre italiano, alemão, espanhol, francês, paulista e outros tantos que era preciso acabar com as tradições e ao mesmo tempo levar um puxão de orelha por parte do pai dele, que foi meu avô, sobre a importância das tradições... Meu pai preferiu fazer outra coisa: para manter as tradições, percebeu que precisava tratar com os colonizadores, e me colocou no colégio para aprender a ler e escrever, para poder defender melhor um diálogo com nossos pontos de vistas estratégicos, para poder falar de nossas coisas, tecer novos aliados entre nós, e dizer claramente que os nossos valores têm que ser mantidos por nós. Não é o padre que é responsável em salvar o nosso povo. Então meu pai pensou de uma maneira diferente, me colocando na escola. Hoje estou com 63 anos, mas eu continuo pensando igual o que o meu avô fez, o que o meu pai fez, que é defender o meu povo... Hoje tem também uma nova geração, né? Meu pai não sabia muita coisa, aprendeu pouquinho. Eu aprendi um pouco mais. Hoje os meus filhos estão nas universidades, devem ter captado mais informações acadêmicas para poder liderar a discussão. E tudo isso é importante para acabar com a falta de diálogo, a dificuldade que nós tivemos para falar com as pessoas externas.

Como você vê o impacto da presença dos militares e dos missionários na região do Rio Negro?

O homem das Forças Armadas tem uma história própria, diferente da nossa. Por exemplo, saiu uma expedição, no começo da colonização da Amazônia, liderada por Pedro Teixeira, que chegou até o Rio Negro. Essa expedição teve um grande contingente de homens militares e também de remadores indígenas que conheciam os canais dos rios, os locais bons para caçar e pescar. Tem muitas histórias de militares que nós podemos ler nas crônicas de como foi a expansão colonial da região Norte. E os missionários sempre estiveram ao lado deles. O missionário é aquele que faz o voto de castidade, o voto de pobreza, mas tem suas falhas. Eu sou crítico à falta de ética dos missionários. Eles fazem voto de castidade, voto de pobreza, mas são humanos, erram. Então essa é a confusão que nós podemos enxergar melhor. E os missionários possuem os seus aliados. Aliados dos missionários: onde eles estão? Eu, como simples observador, onde tem um general, tem um cardeal, um ministro. Isso não foi diferente no Rio Negro. Os inimigos são esses... E eu não vi general matar o índio com uma espingarda não, mas houve uma aliança entre a Igreja e o Estado para poder nos aculturar. Aculturar é introduzir a educação para o índio falar português, deixar de ser índio. Então, esse foi o processo que ocorreu no Rio Negro.

O Rio Negro, desde o começo do século XX, sempre foi ligado aos salesianos, ao Estado, às Forças Armadas. Foram nossos antepassados que construíram hospitais, correios, aeroportos para os militares, porque os missionários tinham convênio, um diálogo muito próximo com eles. E hoje nós temos 12 bases militares no alto Rio Negro, onde os nossos filhos, netos, sobrinhos fazem parte desse grande contingente de 1.200 militares que estão nos quartéis. 70% são índios. Por uma parte é bom, porque eles aprendem a disciplina. Nas escolas salesianas nós também aprendemos a disciplina, a fazer uma boa redação, a pensar diferente de muitos. Já naquela época, os missionários nos utilizaram para dar boas vindas aos militares, que queriam mostrar o índio para poder fazer propaganda de seus projetos conjuntos. O índio cristianizado, o índio padre. No Vaticano isso tem sido veemente. E também para a grande mídia, que sempre valorizou a escolarização de modo geral.

Então, a presença da Ditadura Militar no Rio Negro foi forte. Talvez não foi tão dura lá quanto aqui, mas tornou o Rio

Negro um lugar diferente, onde os índios foram treinados para servir nas Forças Armadas, serem bons missionários, bons educadores. A gente tem que saber os problemas disso, mas também saber que por onde não estão os missionários ou as Forças Armadas, não existem escolas que, de uma forma ou de outra, ajudam a preparar os índios para se defender sozinhos do que acontece em muitas partes do Brasil. Do massacre, da perda das terras. Mesmo que sejam índios ainda longe de discutir, de entender, de defender seus direitos fundamentais.

E não adianta o Estado ou alguém que se preocupa com a questão indígena colocar o Álvaro Tukano no mesmo patamar do índio considerado isolado. Nós pensamos diferente. Eu já andei de avião, já viajei pelo mundo. Eu conheço muitos brancos bons e maus, eu conheço esse mundo de cá como eu conheço o meu mundo. Eu fui dirigente do movimento indígena a nível nacional e conheci muitos parentes meus que já morreram e outros que continuam em pé. Então, a grande vantagem é que nós mudamos. Não havia o movimento indígena àquela época, quando eu fui um dos dirigentes da resistência indígena lá na minha região. Lá a resistência começou, partimos para a regional, a nacional, e hoje nós temos nossos filhos muito orgulhosos de serem índios. Na minha época não era permitido falar Tukano, era cortada a merenda, o almoço de quem falasse nossa língua. Hoje não, hoje os índios do Rio Branco estão de prato cheio, não podem reclamar disso, mas podem querer mais melhoras, tecer mais alianças, buscar mais informações. Isso é a liberdade que nós queremos. Então, o padre tem que ficar quieto, tem que ficar no lugar, lá na igreja, lá na escola, e não ficar de politicagem ou na casa da comunidade dos meus parentes. O padre é importante, sim, mas quem manda nas coisas tribais somos nós. Isso que a gente tem que entender.

Álvaro, vamos falar então do movimento indígena. Você participou ativamente dele, da UNI, a União das Nações Indígenas, e de outras propostas. Fala mais sobre o que foi essa história do início do movimento indígena, quem foram os líderes com os quais você teve os primeiros contatos? Que ideias e ações foram geradas dali?

Os líderes do movimento indígena existem dentro de cada povo. São os contadores de história, são curandeiros e curandeiras, cantores, as pessoas que fazem funcionar a vida política de um povo. Só que essas histórias não eram aceitas diante dos missionários e seus aliados. Quando alguns de nós fizemos uma resistência de curandeiros para dizer não aos padres, foi o começo do movimento indígena. Outros preferiram dizer sim aos padres, e os filhos deles se lascaram, porque confiaram. Antigamente, esse foi o movimento.

Depois, na década de 1970, terminou o Serviço de Proteção ao Índio. O SPI acabou porque nunca defendeu os índios. Durante a existência do SPI, o Rio Negro teve histórias de crimes terríveis. Muito dolorosos. E isso se repete em todo o país. Então, teve que acabar, e apareceu a FUNAI. A FUNAI foi muito importante naquele momento para dar uma segurança à vida dos povos indígenas. Mas não resolvia. E também temos que entender que tivemos grandes cidadãos brasileiros, antropólogos, poderia dizer o caso do Carla Junqueira, que é uma amiga minha de São Paulo, poderia dizer da Manuela Carneiro da Cunha, ou do Darcy Ribeiro, que era meu amigo particular, que conheciam e defendiam a história do movimento indígena. Já naquele tempo, no Mato Grosso do Sul, por exemplo, tinha um alto índice de violência contra os povos indígenas. Então num dia 19 de abril, em 1980, numa celebração do que chamam de Dia do índio, o Darcy Ribeiro, a Carla Junqueira, o Marçal de Souza e o Domingos Veríssimo resolveram tratar sobre a questão indígena, e lá nasceu a UNI, a União das Nações Indígenas. Passado um ano, foi noticiado pelo CIMI, pelos organismos de apoio à causa indígena, como um movimento ideal de resistência.

Eu estava estudando em São Luís àquela época. Não entendia nada do que era Guajajara, porque não conhecia os povos do Maranhão. Então, lá que eu conheci o povo Guajajara, sentados no chão, sendo tratados pela FUNAI sob controle rígido, e entendi que tinham muitos povos naquela região que estavam sendo tratados de uma forma que eu discordava. Então, a partir daquela cena, eu nunca mais quis estudar para ser médico ou para ser igual aos outros, porque o que faltava, ao meu ver, era organizar o movimento indígena.

Isso foi no ano de 1978. Eu voltei para Manaus no começo de 1980 e eu fui secretário de uma reunião do movimento indígena regional. Como os outros índios não sabiam escrever, me colocaram para redigir o documento. E aquele documento criticou a ação dos missionários e militares. Isso custou muito caro para nós, até hoje. Assim, nós compramos uma briga, muitos desses amigos meus de Pari Cachoeira foram assassinados por causa disso, internamente. Eu continuei sobrevivendo.

Então, assim que entrei no movimento indígena, tivemos uma grande reunião em São Paulo. O general Golbery havia dito que queria a emancipação do índio. Muitos outros acadêmicos que apoiavam a questão indígena participaram da reunião. Estava, àquela época, o finado Mario Juruna, que era contra a emancipação. Nós éramos todos contra a emancipação. Conhecemos o coronel Mario Andreazza, que foi Ministro do Interior e era contra os índios. A FUNAI sempre era dirigida pelos militares. E quem nos ensinou a demarcar a terra, a responder a exigência dos índios, foi o povo Xavante. O povo Xavante foi quem pegou a borduna, pegou o presidente da FUNAI em dos prédios aqui em Brasília, queria jogá-lo do 11º andar, porque o coronel não queria demarcar as terras indígenas. Isso foi noticiado. O povo que foi mais noticiado no Brasil é o povo Xavante, muito por conta do Mario Juruna. Igual ao Mario Juruna, tão cedo nós não teremos. Então, a gente tem que saber dizer "muito obrigado" a tudo que ele fez.

Lá em São Paulo, nós formamos uma nova chapa para a UNI, onde o Marcos Terena se tornou o presidente e eu assumi a vice-presidência. Lino Pereira foi secretário. Nós fizemos uma nova diretoria. Nós não sabíamos ainda como nós deveríamos expandir nossa resistência, então começamos a fazer comunicação entre os povos através de cartas e fitas cassetes.

Trabalhamos durante todo o período antes da Constituição de 1988 e conseguimos organizar mais de 240 bases da União das Nações Indígenas. Isso foi registrado, mas muita gente esqueceu, porque para eles parece que é coisa do passado. Foi entre 1981 a 1987. No mesmo período, o Nailton Pataxó armou o seu povo para a retomada de suas terras. E a partir disso, muitos povos, pegando suas bordunas, fizeram sua autodemarcação. Aconteceram muitos eventos nacionais, nas diferentes regiões, em todo o país, para falar da questão indígena. Foi assim que nós fortalecemos o movimento indígena.

Por que isso aconteceu? Porque a situação fundiária foi, é e sempre será um problema nosso enquanto a legislação não funcionar. Porque quem dirige a FUNAI não é índio, é sempre muito ligado às pessoas do Congresso Nacional. Qual é o problema hoje? O problema é que a FUNAI não pode ser dirigida pelas pessoas que sejam amigos de grandes fazendeiros. Estamos na pior crise que eu já vi desde o general Ismarth Araújo de Oliveira, que era o presidente da FUNAI nos anos 1970, quando comecei a acompanhar. O atual presidente é o Antonio Fernandes Toninho Costa, que é um pastor. Já passaram na presidência da FUNAI advogados e antropólogos que eu conheço, mas quando eles chegaram lá, ficaram de mãos atadas, porque a pressão econômica é muito grande. Na maioria das vezes a FUNAI tem sido usada mais para dar empregos aos parentes de políticos, para defender os interesses de seu partido, do que para defender os índios. Então, essa tem sido a nossa confusão. A FUNAI não pode estar a serviço de patrão de certo partido. A

FUNAI é um órgão do governo para atender o que diz a Constituição Brasileira. Isso é muito importante.

Foi importante a participação de diversos índios no movimento indígena. Muitos deles já morreram. E foi com essa luta dos índios que surgiu o capítulo de direitos indígenas na Constituição de 1988. Destacamos aqui a figura nobre do meu companheiro Ailton Krenak, porque ele é jornalista, sabe falar muito bem, é o mais preparado para discutir com os deputados, senadores, para dar a nossa versão. Ele falou no plenário da Constituinte em nome da União das Nações Indígenas. Hoje tem outras siglas, mas ainda é o movimento indígena. Então hoje o movimento está aí, a Constituição está aí. Avançamos muito na parte da demarcação das terras, ainda tem muitas que precisam ser homologadas, mas o que nos falta agora é vermos como é que nós vamos ser tratados pelos nossos filhos e filhas que estão nas universidades. Se realmente é importante termos assessores externos, que muitas vezes têm atrapalhado o movimento indígena. Eu acho que nós temos que ter assessores próprios, de confiança, de preferência aqueles que conheçam e falam da nossa realidade. Mas está difícil, hoje, porque muitas das vezes o movimento indígena é objeto político para sustentar os escritórios de missionários, ambientalistas e outros – e isso não é movimento indígena, isso é explorar o índio. Eu não gosto disso. Então, eu acho que quem tem que defender o movimento indígena são as pessoas que estão lá nas bases, que não têm saúde, que não têm escola. Esse deve ser o tema. Para mim, defender a cidadania se faz se aliando ao movimento indígena, não brigando por um microfone, pelo poder dentro do movimento. A história do movimento indígena é defender a ética, as tradições, e não falar mal da vida dos outros, como tem sido feito ultimamente. Isso é enfraquecer o movimento indígena. Isso não interessa.

Mas o que nós temos que saber é que a questão indígena é complexa, nós precisamos de novos aliados, acabar com certos preconceitos instalados no país. Então temos que levar nossas mensagens para as salas de aula, para os alunos. Porque a grande mídia não fala da gente. A grande mídia que nós vemos por aí é que nem os filmes do Norte, dos Estados Unidos, com o índio brigando com o branco e sempre perdendo. E aqui o pessoal não faz "Uh, uh, uh" [batendo a palma da mão na boca no gesto caricato]. Isso não é educação, isso é papel de Xuxa. A mesma coisa a gente vê nos outros movimentos, porque tem muito negro que não quer ser negro não, que tem medo. Tem muito índio que tem medo de ser índio. Índio não quer ser índio, em muitos lugares que eu conheço, ou só quer para conseguir aposentadoria, para receber benefício. Isso é explorar o índio.

O que nós precisamos é defender a autodeterminação, cobrar os deputados, dizendo a eles que o Brasil é um dos signatários dos direitos dos povos originários, junto à Organização dos Estados Americanos, junto às Nações Unidas, e não pode, nenhum deputado, senador, fazer leis contra nós para defender agronegócios e outros projetos para devastar o país. Isso aí está errado. Então, acho que deve ser essa a linha de pensamento: o diálogo, muito através do amor. Isso que nossos filhos merecem. Nossos filhos merecem o respeito, o amor. Quem tem que dar amor aos nossos filhos somos nós, as lideranças indígenas.

Quando o movimento indígena começou, ele trabalhava com algumas referências históricas daquele momento, e o mundo mudou muito. Como você vê a necessidade de repensar estratégias? Além da educação, quais são outras armas possíveis hoje para fortalecer esse movimento frente à sociedade, frente aos políticos, frente aos meios de comunicação?

Muitos colegas nossos estiveram na sede de bancos internacionais, do Banco Mundial, que financiava o Brasil para fazer as estradas. Essas estradas não beneficiaram as populações nas terras indígenas, mas sempre para os mesmos mercantilistas e fazendeiros. Esses projetos internacionais têm ajudado muito a devastar o Brasil e a Amazônia. Então os colegas foram lá para defender a natureza e as nossas propostas. Para lutar por recursos desses bancos para preservar, não apenas para destruir. E nós vimos que na Europa, nos Estados Unidos, são países muito devastados. E a partir da nossa movimentação, muitos jornalistas e pesquisadores vieram para cá, viram que aqui tem muita água, muita floresta e aprenderam conosco a preservar o meio ambiente. Assim, através do movimento indígena, eles aprenderam como é que deveria ser a estratégia para preservar o meio ambiente.

Na mesma época, foi criado aqui no Brasil o Ministério do Meio Ambiente. Nós conhecemos vários secretários estaduais, ministros do meio ambiente, sentamos para conversar com eles e defender os povos indígenas. Nós participamos de eventos como a ECO-92, o Rio+20 e outras tantas reuniões. São formas de organizar e defender o meio ambiente que partiram dos povos indígenas, e continuam tendo a participação do movimento indígena. Porque hoje, na prática, se ainda as áreas indígenas são verdes, é porque nós temos lideranças lá para defendê-las. O jeito de defender esses territórios é através das lideranças indígenas. Para defender a vida dos nossos netos e bisnetos.

Então, o Brasil precisa entender a nossa luta. O meio ambiente, para nós, é importante. Algumas pessoas, até mesmo índios, apoiam o agronegócio. Está errado isso aí. Mas nem por isso a gente tem que temer discutir, defender a nossa questão, o movimento indígena, e também a sustentabilidade. Para mim, é muito bonito falar para os jovens que dependemos dessa terra, dependemos dos frutos da terra, das águas. Então é por isso que a gente quer a nossa comunicação com os estudantes e universitários. Seja índio ou branco, a gente tem que fazer uma nova sociedade. O Brasil precisa ser dirigido pelos novos, menos contaminados por essa prática de evangelizar e tutelar o índio. Se a tutela fosse uma salvação de fato, eu bateria palma. Mas tem limitado a minha voz, tem atado as minhas mãos e de outros líderes também. Então, o que estou falando é para desatar esse pano que tem vedado as vozes das lideranças, as mãos das lideranças. Acho que o público tem que ouvir diretamente o que os verdadeiros líderes pensam, falam e defendem sobre a questão indígena. É isso que se tem que entender.

Como você vê a cultura indígena hoje?

Tem muitos lugares que, quando alguém via o índio pintado, eles debochavam. Então, o índio tinha medo de se pintar. Hoje, vejo com muita alegria as crianças se pintando, participando das festas, aprendendo os cânticos, as línguas, que eles praticam nas suas escolas. O Brasil não é monolíngue, nós temos aí 274 línguas que são faladas e estão sendo escritas pelos próprios índios. As vozes indígenas são de cânticos muito bonitos, que falam do mundo. Muitos povos latino-americanos pensam desse jeito. É a maneira de a gente dizer não aos limites que foram impostos contra nós. Por exemplo, o povo Tukano está no Brasil, está na Venezuela, está na Colômbia, e outra parte está no Equador. Essas fronteiras foram boas do ponto de vista colonial, mas para nós não, não funciona. Nós temos que defender os territórios antigos, culturais. Temos que defender o povo brasileiro ao nosso modo, não confrontando armas, flechas, cachorros, polícia, pastor alemão. Temos que saber defender os nossos direitos com sorrisos, falando nossas línguas, traduzindo as nossas obras literárias, que não eram escritas antigamente, mas orais, cantadas.

O Brasil só será moderno se conseguir encaixar em seus programas educativos as leis que tratam dos assuntos indígenas e de outras minorias que merecem respeito e dignidade. É isso o que nós sempre defendemos. Quem quiser ser aviador, que seja. Quem não quiser, que não seja. Quem não quiser mineração, que não faça. Quem quiser, que faça. Mas não pode ficar ouvindo os ditames de tantos terceiros que querem ensinar o índio a ser índio. Nunca vou aceitar o que o padre vai me dizer. Eu já sou inteligente, já sou um homem suficiente, eu sou dirigente, sou líder de uma comunidade. Eu quero ver o meu povo dizer como que deve ser o nosso destino.

Como tem sido dirigir o Memorial dos Povos Indígenas, organizar o Moitará, uma celebração que tem acontecido aqui em Brasília reunindo indígenas de vários povos? Como tem sido pôr em prática algumas dessas questões que você está nos trazendo, aqui nesse espaço?

O Memorial dos Povos Indígenas é um lugar importante aqui em Brasília. Uma construção que lembra o povo Yanomami, porque o povo Yanomami tem uma maloca grande, redonda, para falar de Omama. Omama é Deus. Tem muitos nomes para Deus. Para o povo Yanomami, é Omama. Foi Darcy Ribeiro quem pensou em trazer a questão indígena aqui para Brasília. Ele foi o grande mentor, grande educador, grande escritor sobre a questão indígena. E o Lúcio Costa e o Oscar Niemeyer fizeram o Memorial. Eu sou pela segunda vez diretor do Memorial. Estou no meu terceiro ano. Isso aqui é muito bom, porque Brasília merece o espaço adequado para tratar das questões indígenas e do meio ambiente. Brasília não pode ficar sem espaço para os povos indígenas.

Então, esse espaço tem atendido, ouvido, recebido muitas visitas dos povos indígenas para falar de sua liberdade. Para dar mensagem de como é o povo dentro de cada região. Aqui, dentro desse museu, não tem confrontos entre os índios e com o Estado. Aqui nós falamos de filosofia, aqui nós falamos de medicina, aqui nós falamos de interesses tribais. A arena, o pátio, é para tomar ayahuasca, para tomar rapé, para tomar outras medicinas que fazem bem à sabedoria, à vida cultural e espiritual dos povos indígenas. Muitos, que são pastores e de outras crenças, não acreditam em nós. Paciência. Mas nós acreditamos. Então, aqui é para evitar restringir aos nossos líderes apenas nas igrejas, que tem hora para abrir e fechar.

Aqui é um espaço muito bom para combater o preconceito contra as populações indígenas. Temos recebido crianças, diplomatas, pesquisadores. Fazemos grandes eventos aqui. Então, eu tenho sido o mínimo dos mínimos, mas a minha fé, a minha ética pertence a mim, para defender o meu povo. Eu não estou aqui para ser eterno chefe. Não é meu lugar. Eu tenho meu lugar. Estou preparando um campo para os meus sobrinhos, minhas filhas, meus filhos e outros acadêmicos, para que venham aqui continuar, mostrar a cultura indígena que existe em nossas comunidades. Nós temos que ter novas lideranças falando com os acadêmicos para poder defender melhor o nosso patrimônio, o que existe nas terras indígenas. Esse lugar é importante por isso: para nos organizarmos como a sociedade civil. Se esse espaço for aproveitado bem, vai dar muitos frutos. Aqui é para receber artistas, cineastas. Nós temos feitos vários lançamentos de filmes, e vamos continuar produzindo de acordo com o ânimo de cada povo.

Álvaro, vamos falar agora um pouco sobre a cultura Tukano, as histórias antigas e a sua relação com elas. Você tem outro nome em Tukano, DOETIHIRO, não é?

Essa é uma pergunta complicada, mas que merece resposta por isso. Todos nós temos nossas origens como o povo YE'PA MASÃ. Nós somos o povo YE'PA MASÃ. Homem dos tempos. O nosso tempo fala de OMIKUIK. OMI é o tempo. KUIK é aquele que fez o mundo. Então, nós sempre falamos do OMIKUIK, que é o pai universal. É uma força que existe, invisível como o pensamento. É a luz, é a vida que todo homem tem na Terra. Eu estou segurando esse instrumento aqui, que é um instrumento sagrado para os Tukano. Chama-se YEIKA, é o bastão de autoridade. Essa parte aqui de cima, coberta de penas vermelhas e azuis, é para conectar com o Grande Pai, com o Universo. O corpo do bastão representa o eixo da Terra e o mundo espiritual, invisível. A parte inferior, essa bola, representa o nosso mundo. A gente vive aqui. Depois continua o universo. Então nós falamos das constelações que giram em torno do mundo. E o mundo não deixa de ser nosso planeta, e existem tantos planetas pelo mundo, nosso Grande Pai.

Nós falamos do nosso mundo, porque quando a vida chegou aqui na Terra, OMIKUIK usou o tabaco. O tabaco é uma medicina antiga. E ele fez cerimônia, e assoprou no orifício desse bastão invisível. E a vida chegou, batendo asas, como uma célula. E essa célula durante muitos anos foi se transformando em peixes. Então DOÉ é um dos peixes antigos, que é a traíra.

Fala-se da importância do leite materno. Então, nós somos mamíferos, existem peixes mamíferos, outros parentes antigos que são mamíferos. Certa época do tempo, o peixe ficou muito feliz descobrindo as frutas da terra. Ele queria comer os frutos das árvores, ele queria partir para os continentes. E o guia de todos os tempos cortou o rabo do peixe. Durante muitos anos, o homem viveu macaco, para ter habilidade para subir nas árvores, saborear os frutos da terra. E no meio dessa confusão nós continuamos como homens, inteligentes, se comunicando como povos distintos. E tem também outros animais e peixes que se comunicam como tais. Nós sempre falamos assim. Então, eu sou DOETIHIRO. DOETIHIRO é o primeiro homem da nossa humanidade, que teve contato direto e que continua tendo esse contato direto com o Grande Pai universal para abençoar os filhos, fazer cerimônias de rapé. Nós fazemos cerimônias com o rapé, que é o tabaco, para abençoar com a fumaça, dar baforada nos nossos filhos, nas nossas filhas que precisam de bênçãos para se proteger dos espíritos negativos ou mesmo de seres humanos que têm espíritos negativos que afetam a nós. Essa é uma medicina, é a nossa crença, é assim que nós pensamos. Então, eu sou DOETHIRO por isso. Meu povo fala de Deus desse jeito.

Também nós tomamos CAAPI, que é uma bebida antiga. Não é mestre Irineu que é dono de CAAPI. Donos do CAAPI somos nós, povos antigos. Donos da ayahuasca são os povos indígenas da Amazônia que hoje estão aí, continuando, fazendo suas cerimônias de ayahuasca, dando a continuidade da existência enquanto povos distintos. Hoje, a ayahuasca, também conhecida como Santo Daime, virou uma bebida. Pra que servem essas tradições? É para combater o alcoolismo, a violência que se instala com a invasão dos colonizadores em nossas comunidades, que tem trazido muito álcool, muita violência, muita tristeza. O CURIPE, que aplica rapé, serve para combater sinusite, para abrir a nossa mente, ter equilíbrio nos diálogos, para não ofender ao seu próximo. Ouvir mais o seu próximo, entender o seu próximo, atendê-lo com dignidade. Você ser defendido pelo irmão é a melhor coisa que existe no mundo. Então, DOETIHIRO tem muito a ver com essa história. São nomes dados aos primogênitos. Tem outros nomes que nós temos, que nós conservamos, nomes masculinos e femininos, que devem ser mantidos, dentro de nossos costumes. E os demais povos falam do mesmo jeito. São juremeiros do Nordeste, mexe com o poder e a energia dos espíritos. Então, quando falamos da sabedoria antiga, é para mexer com as energias invisíveis, para poder falar de amor e abençoar nossos filhos. Eu sou DOETIHIRO para praticar isso.

Hoje tem tido um crescente interesse da sociedade brasileira, urbana, em relação à cultura indígena. Como lidar com isso, como dialogar com esse interesse?

O sangue do homem brasileiro é muito misturado. Tem genes fortes nos homens brasileiros. Sangue indígena. Sangue negro. Isso faz pensar diferente. Nossos filhos não são apenas aqueles que nasceram nas comunidades, mas também os que nasceram nos grandes centros urbanos, como Rio de Janeiro,

São Paulo e outros. E eles têm gosto de aprender coisas deles. Tem muitos homens que contam histórias tristes. Tenho ouvido, por exemplo: "Puxa, minha avó foi pega a laço." "Meu avô foi pego a laço." Nós sofremos muito com esse tipo de civilização que aqui chegou. Muitos deles foram escravos, vendidos, depois chegaram os negros que foram trazidos da África, foram servir nas fazendas, foram vendidos. Então, o homem capitalista só pensa no dinheiro, só pensa no trabalho do mais fraco. Essa fraqueza de fato existe, todo mundo quer dinheiro, mas dinheiro não é o suficiente para ser feliz.

Acho que temos que ter uma vida digna, é a liberdade que nos interessa. Os que tomam a liberdade de falar de ayahuasca, praticar cerimônias, defendem a liberdade dos povos indígenas. Muita gente no Brasil perdeu a liberdade, virou escravo do capitalismo. E agora eles procuram sair de suas cidades para viver como índios ou como índias. Isso é muito bom, isso é tecer alianças entre os que existem no Brasil. Eles estão de parabéns, eles são nossos filhos, nossos netos, eles são como nós, defendem a gente e vice-versa. Por aí nós criamos aliança também. Nós criamos alianças com outros povos, que vivem na Amazônia. Por exemplo, alianças com os seringueiros, para defender a floresta, as águas, porque eles são ayahuasqueiros, são pescadores, são benzedores e benzedeiras.

E a gente precisa ter uma ação diferenciada, porque o que eu acredito não é a saúde de grandes hospitais, que são caríssimos, que fazem tratamento de doenças complicadas. Meu povo não tem grandes hospitais. Meu povo precisa de ervas medicinais. O meu povo precisa de curandeiros, curandeiras que trabalham com os espíritos, com as forças das ervas medicinais. Cura da gente, para a gente. E quem perdeu essas tradições fica dependente de SUS, faz parte de uma longa fila, morre na metade do caminho, nem chega a ser atendido. A gente tem que pensar e lutar muito para manter nossas tradições.

Essa é uma questão interessante que você colocou agora, que é um profundo pensamento político dos índios, que é a aliança, que vem desde a Aliança dos Povos da Floresta. Existem diferentes formas de lidar com a política. A dos povos indígenas, desde esse movimento que você fez parte, tem sido a proposta de construção de alianças. Como você vê isso, junto com a internet, o mundo digital, a informação correndo mais rápida?

A tecnologia é uma onda magnética necessária para desenvolver a comunicação com diversos povos ou em diversos povos. Quando bem aplicada, essa tecnologia vira um instrumento de trabalho poderoso. De comunicação. Quando não tinha internet, nós usávamos outros instrumentos mais lentos para nos comunicar, para anunciar que tal dia teria um grande encontro familiar. Ou então mandávamos um mensageiro para combinar com tal aldeia, que iria comparecer muita gente para aquela festa de ritos de iniciação, por exemplo. Era comunicação antiga. Então nossos antepassados iam a grandes encontros. Homens e mulheres preparavam cigarros para defumar o ambiente. Os homens caçavam, as mulheres preparavam bebidas, porque seria a reunião de homens sábios, que sempre tomaram suas bebidas tradicionais, a medicina tradicional. E as crianças, que não participaram dessas reuniões, precisavam de ter comida farta, e assim observavam seus pais praticarem as festas tradicionais. Tudo isso não foi registrado, pois nós não tínhamos tecnologia para isso. Hoje, a tecnologia é importante, porque a imagem de nossos líderes ficará para muitas gerações. O meu povo não sabia ler e escrever, não tinha máquina fotográfica, então nós perdemos muitos documentos, muitos registros. Eu sou defensor do uso de alta tecnologia para que os índios possam se libertar, falando diretamente com as pessoas que se interessam e que se dediquem à questão de preservar as culturas dos povos tradicionais. Seja de ciganos, negros e outros demais, que dependem de seu meio ambiente, de seus conhecimentos tradicionais, da medicina, de oralidade. A oralidade é muito importante para mim, porque acaba sendo registrada para que possamos falar com dicção Tukano, corrigir nossos erros. São lições necessárias para ver onde nós erramos, por que nós erramos e para ensinar nossos filhos. Porque nós temos que dar uma lição de coragem para nossos filhos.

Todos esse meios que você estava falando, da escrita, da imagem da fotografia, do audiovisual, eles permitem que a gente possa transmitir às gerações que estão nascendo, que estão chegando, um registro diferente. Como você acha que isso contribuir para essa transmissão dentro das comunidades e das comunidades para a sociedade mais geral, brasileira?

Hoje, só no Pará existem mais de 2.500 garimpos. São milhões de garimpeiros, que continuam fazendo obras de colonização, usam linguagens nacionalistas para dizer que eles estão levando o desenvolvimento às comunidades indígenas. O que não é verdade, eles estão matando os índios, roubando os índios. E a presença, a chegada de tecnologia nas comunidades permite fazermos registros e denúncias. Essas denúncias têm que chegar até as pessoas direto das comunidades atacadas. Porque os grandes meios de comunicação não têm educado absolutamente nada a população brasileira. Só mostram coisas ruins. Eu sou leitor de vários jornais, de Caracas, de Bogotá, de La Paz, de Buenos Aires, de língua espanhola. O que você vê? Nada. Então, nós temos que ter uma alternativa de comunicação para falar a verdade de nossas tribos, de nossos desejos, de manter a unidade, a paz entre os povos. A comunicação alternativa é necessária, porque é um diálogo de povo para povo, para fazer uma nova sociedade. Esse instrumento é bem vindo e deve ser mais aperfeiçoado para fortalecer as organizações sociais que precisam de paz, que precisam combater a violência e o preconceito. Isso se faz com a comunicação. Essa é a importância da tecnologia.

Você foi um dos fundadores da COICA também, a associação latino-americana de povos indígenas. Como está a rede desses diferentes povos da América Latina?

Os índios de outros países têm a mesma história que a nossa. Enfrentaram a colonização. Nós tivemos em julho de 1981 uma reunião internacional promovida pelo Instituto Indigenista Interamericano, em Puyo. Lá, eu encontrei o povo Achuar, que também foram instruídos pela congregação salesiana. E eles conseguiram dialogar com os salesianos e formaram a Federação de Centro Achuar, onde existia uma rádio para falar de educação, de temas familiares. E aqui no Rio Negro não tinha essa emissora. Nós éramos da mesma congregação, mas aqui éramos obrigados a apagar a memória dos povos indígenas. Achei um contraste muito grande e pensei: "Quando voltar lá para a minha região também vou formar uma federação que possa levar essa bandeira para nossas comunidades."

Eu voltei ao Brasil, fundei a Federação das Organizações Indígenas do Rio Negro, que trata de 24 povos indígenas que nós temos no Rio Negro. São mais de 750 comunidades, mais de 52.000 índios. E hoje, graças a Deus, nós avançamos com essa união, demarcando as terras indígenas. São mais de 13 milhões de hectares de terras homologadas, registradas no cartório. E os índios do Rio Negro hoje têm a liberdade de dizer que são diferentes. Isso tudo aconteceu com meu contato a partir dos índios Achuar e outros povos indígenas lá do Equador. E também por lá estavam outros índios de países da bacia amazônica e vimos que a invasão promovida pelo Banco Mundial, através dos Congressos Nacionais, tem devastado, tem matado muitos índios, abrindo estradas, garimpos ilegais que continuam até hoje. Nós achamos que aquilo deveria ser tratado de uma maneira conjugada pelos nossos países. E existe então essa ideia, essa força de resistência aos grandes projetos na Amazônia.

Mas isso não quer dizer que nós somos contra o progresso. Progresso se faz quando a gente participa. Mas nós nunca participamos, nunca fomos consultados onde que vai se implantar a hidrelétrica Balbina, por exemplo, que inundou um grande território Waimiri-Atroari, e tinha a intenção de dar energia à cidade de Manaus. Manaus continua sem energia. Manaus é um lugar onde só se fala de Zona Franca. Esse é um assunto que não nos interessa. A Zona Franca não é salvação para o meu povo, para os muitos índios da Amazônia. É para salvar apenas os grandes interesses das empresas multinacionais. Nós não estamos aqui para dar a vida para as empresas multinacionais que sempre saquearam e continuam saqueando. É hora de falar. Então, a COICA, a Coordenadoria das Organizações Indígenas da Bacia Amazônica, é para somar essa força política para defender o meio ambiente. A sede está na cidade de Quito. Nós tivemos vários coordenadores participando de várias conferências regionais, nacionais, na Europa, nos Estados Unidos, para defender o meio ambiente.

Então, quem defende a Amazônia está defendendo os mais de mil e quinhentos rios da Amazônia, está defendendo o mundo das águas, está defendendo a vida de mais de 240 povos indígenas, está defendendo mais de 60% de povos indígenas que existem no Brasil, que estão localizados lá. E quando a FUNAI está demarcando as terras indígenas, está sendo praticada a lei. Tem muita gente que acha que defender a situação das terras indígenas é atrapalhar progresso, que o índio é ruim. Não é verdade. O índio é defensor da ecologia. Isso o mundo tem que saber. Apoiar a COICA, apoiar o movimento indígena, é apoiar também o patrimônio do povo brasileiro e a vida coletiva nas comunidades indígenas. É diferente do que defender o agronegócio, o boi, a soja e outras monoculturas. Isso não serve para nós. Só tem dividido os nossos povos, tem matado nossos povos. Esse tipo de progresso conservador não serve para nós. Então daí eu ter muita saudade do meu amigo Mário Juruna, que foi deputado federal e defendia a nossa versão e deu muito apoio ao movimento indígena. Ele faz muita falta.

Além da COICA, você participou da UNI, a União das Nações Indígenas. Na época, você disse que o general Golbery não queria reconhecer a UNI, porque ele considerava que não poderia haver outras nações no território brasileiro. Como você vê a importância da UNI?

As nações indígenas são importantes porque possuem línguas próprias, tradições próprias que não destroem o ser humano. Muito pelo contrário, qualificam, dignificam o conhecimento desses povos para defender os direitos humanos. Já na cabeça de um general o Brasil é intocável, só pode ter uma pátria. Não é essa a verdade. Dentro do Brasil existem muitos povos, com línguas próprias, territórios próprios. Então nós criamos o movimento indígena para fortalecer esse mosaico das culturas indígenas, da diversidade de culinárias, das histórias antigas que não estão registradas nas igrejas, nos quartéis e em outros lugares, mas nas vozes desses povos. Quem combateu isso percebeu que os que se sentem os donos do Brasil não são donos de verdade. Os donos do Brasil somos nós. É o povo brasileiro. O povo brasileiro que tem que diversificar os conhecimentos. Antigamente, era muito difícil eu acreditar como é que são os romanos. Os romanos foram um povo guerreiro, que sempre construiu exército. E assim continuaram. Até hoje os que faziam parte do seu Império continuam fazendo essas dramatizações terríveis, mostrando seu poder de arsenal poderoso para matar a humanidade. Quantas vezes os povos indígenas colocaram em risco a humanidade? Nunca. Muito pelo contrário, estamos salvando muita coisa. Então, acho que essas pessoas que tem medo de índio estão erradas. Elas precisam aprender muito com os índios. Ser mais simples, dar mais. Tem muita gente que não sabe nem dividir um prato de comida ou a sua casa. Tem muita gente que não sabe respeitar a própria família. E nós respeitamos as nossas famílias e as nossas tradições. O povo brasileiro tem que aprender muito conosco.

Então a União das Nações Indígenas foi nesse sentido, para acabar essa falta de comunicação que a SPI colocou, através da Guarda Nacional. Eles achavam que o índio precisava de um tribunal de Estado. A Guarda Nacional nunca foi outra coisa: sempre foi o resultado de um regime militar para trazer o índio que criticava a igreja e o Estado para ficar na cadeia. Nosso lugar não é na cadeia não. Nosso lugar é no meio do nosso povo, fazendo festa, discutindo, fazendo cerimônia para nossas crianças, homens e mulheres, que precisam de espírito positivo. Tive registro, infelizmente, que na região Sul nossos parentes Kaigang inventaram também uma cadeia. É o tronco de boi. Amarra as pernas, tanto de homem como mulher. Eu vi algumas pessoas usando essa cadeia para pagar pelos seus erros. Eu tenho tido uma conversa muito séria em alguns lugares para mostrar que eles tem que tirar esse tronco aí. E hoje essas cadeias sumiram. O movimento indígena combate a violência. E para isso temos que acabar com todas essas prisões ou dependências do sistema.

Quando foi criada a UNI, os militares entenderam que os índios tinham como propósito transformar o Brasil em diversas nações. Eles entenderam como uma afronta contra o Estado. E houve realmente investigação contra os líderes indígenas, que o governo viu como perigoso. A violência contra líderes indígenas, aliás, é uma constante na história do Brasil.

Tem muitos líderes indígenas que morreram. Mas nunca foram covardes. Defenderam o povo, fizeram muito bem. Eu tive, na minha experiência, muitas reuniões que eu queria participar mas fui expulso da sala, taxado como radical, como comunista, como baderneiro. Até hoje eu não consegui estudar como queria, nem ter um trabalho fixo. Eu tenho vivido aqui graças a compreensão dos meus amigos e amigas que me conhecem. Mas nem por isso retirei nenhuma palavra ou pedi desculpas. Muito pelo contrário. Eu tenho falado mais coisas. E vou continuar falando mais coisas através de muitos filhos, netos, sobrinhos que estão pensando a luta. De fato, nós fizemos uma escola de uma didática própria para defender as nossas tradições. A Constituição foi escrita e defendida por nós para manter essas tradições. Foram conquistas importantes do movimento indígena. E tudo com muita luta. Eu fui instruído pelos meus amigos de Manaus para sair de lá, senão eu seria morto. A residência da minha tia foi invadida muitas vezes por policiais. Então eu pedi asilo político no Equador. E lá me disseram que o índio não tinha voz própria, que quem falava por mim era a Funai. O meu pedido de asilo político não foi acatado porque eu era índio. Eu retornei para o Brasil e continuei com esse tipo de limite, porque o índio não pode fazer nada, já que quem fala por ele é a Funai. Eu sou cidadão brasileiro, sou pai, sou pensador, sou homem. Então nós temos que ser muito francos. Esse excesso de tutela tem nos dificultado muito. Não precisamos de Bolsa Família, essas coisas. Isso é excesso de propaganda, não serve para nós. O que nós precisamos é de recursos. Precisamos poder bancar o estudo dos jovens indígenas, dentro ou fora do país. Precisamos de novas lideranças, e isso tem um custo. Para poder estudar, para poder viajar pelo mundo. Tem que ser essa a nossa luta hoje.

SOBRE-VISÕES

ÁLVARO TUKANO, O FILHO DO RIO NEGRO

Eu sou um dos brasileiros que nasceu em 3 de novembro de 1953, São Francisco, Paróquia São João Bosco, Pari Cachoeira, município de São Gabriel da Cachoeira, alto rio Negro, próximo da fronteira do Brasil com a Colômbia e a Venezuela.

Pais: Casimiro Lôbo Sampaio, do povo Tukano, e Guilhermina Fernandes, do povo Desano. Avós paternos: João Vitorino Sampaio (Tukano) e Leocádia Lôbo, do povo Mirity-Tapuya. Avós maternos: José Fernandes, povo Desano, e Joaquina Sarmento, povo Tukano. Os meus pais, avós, tios e tias foram os meus melhores amigos na aldeia São Francisco.

A vida na aldeia era assim: Durante o dia, quando eu estava acompanhando a pescaria e caçaria do vovô paterno, aprendi as lições de sobrevivência na selva. Aprendi as histórias infantis antigas, os contos engraçados, os fatos mais importantes que marcaram a vida do vovô João. Acompanhando-o nos passeios importantes e realizações de viagens distantes para visitar outros povos do rio Tiquié, conheci, assim, o pequeno território do meu povo. De minha avó materna tive muito carinho. Até hoje tenho em mente as bonitas lembranças dos seus contos de histórias e cânticos de ninar para que eu dormisse junto com ela na rede de trinta fios. Esta faleceu muito cedo, na aldeia Iraity, rio Tiquié. Outros conhecimentos aprendi com os pais de

minha mãe, quando conheci as aldeias São Felipe e Manaus –
que ficam num pequeno rio que se chama Cucura. Hoje, todas
essas aldeias tornaram-se grandes capoeiras.

Quando era o mês de janeiro, muitas as vezes estivemos na
antiga aldeia do vovô José para apanhar a pupunha e fazer muito caxiri forte na aldeia São Francisco. Hoje, os Makú ocuparam
aquele local e os missionários chamaram-no de Nova Fundação. Aprendi falar a língua Desano com meu avô materno; e
como os meus companheiros de infância eram os PEORÃ, eu
também falava fluentemente a língua Makú.

Quando aconteciam as grandes solenidades tradicionais,
desde bem pequeno acompanhava os passos de meu pai e dos
meus avôs, ouvia os conselhos e observava bem o comportamento dos homens e das mulheres. Era o momento em que eu
me encontrava com vários amigos de outras aldeias. Tomáva-
mos banho no rio e comíamos peixe, beiju e frutas variadas de
acordo com a época do ano. O meu avô era conhecido como
Pipira; era alto, muito forte e dominava a língua geral e o português para se comunicar com os comerciantes da época. O
vovô José só falava em língua Desano e o meu pai, portanto,
teve uma oportunidade muito boa para aprender as cerimônias
tradicionais e benzimentos para curar as doenças.

Ouvia atentamente os mitos, as histórias de guerras que
aconteceram com a chegada dos brancos em nossa região. Eram
histórias tristes que aconteceram com povos indígenas. Eu fui
crescendo assim, no mundo livre; não tinha nenhum controle, como acontece nos dias de hoje com a nossa juventude. E,

como já disse, curti a liberdade infantil e conheci a geografia regional por onde moravam muitos patrícios que expressam a mesma cultura e mesmo pensamento.

Participei de grandes solenidades que ocorriam entre as tribos, vi o meu avô João ensinando a meu pai todos os ensinamentos tribais religiosos. Essa aula tradicional era muito respeitada, toda comunidade participava e sabia de que tipo de festa que se tratava. E, quando não era festa, todos os dias, às 15 horas, começava a reunião dos homens. Eles consumiam o pó de epadú (mistura de folha de coca com folha de embaúba macerada), fumavam o cigarro, tomavam a farinha com água ou então a manicuera (suco de mandioca brava cozida, de sabor adocicado). Era o encontro muito fraterno, momento de aprendizagem e que costumava terminar às 23 horas e/ou uma hora da madrugada com as saudações muito significativas.

Hoje tenho muitas saudades dos velhos sábios que já morreram nas aldeias de São Francisco, Santa Luzia, São José, Maracajá, Santo Antônio, São João, Floresta, Barreira Alta, Vira Poço, Boca da Estrada, Iraity, Cunuri, Cucura Igarapé, Nova Fundação, Bela Vista, São Sebastião e Pari Cachoeira.

O rio Negro não escapou do colonialismo. Primeiro vieram os capuchinhos. Em pouco tempo os missionários capuchinhos foram expulsos da cachoeira de Ipanoré, rio Uaupés, e da cachoeira Tucano, rio Tiquié, por causa de abuso de poder e por molestar sexualmente as moças mais bonitas de nossas aldeias. Com a expulsão dos missionários, Portugal perdia grande território para os espanhóis e, por isso, em sintonia com o Vaticano, que também não queria perder o poder em cima de nossos povos, investiram no projeto missionário da Congregação Salesiana, fundada pelo São João Bosco, em Turim, Itália. Seguindo a mesma linha de pensamento dos missionários, com a Madre Maria Mazarelo também vieram as Filhas de Maria Auxiliadora.

Assim, o ano de 1914 marca uma nova etapa de colonização branca cristã católica. Sob vários pretextos próprios, e com apoio de certas lideranças indígenas da época (que queriam fugir da escravidão dos portugueses e espanhóis) estes missionários permanecem até os dias de hoje em terras indígenas e, sem dúvida, merecem o meu respeito e dos demais líderes que receberam as instruções educacionais. Eles eram os melhores educadores da época nas missões salesianas do rio Negro. Sem dúvida, deles recebemos os conhecimentos para nos defender dos colonizadores que continuam chegando de muitas partes do Brasil. A nossa região passou por um processo histórico de integração, deixando de lado o que era mais importante: a cultura indígena.

Nós, índios, nunca iremos às terras desses missionários para levar as nossas civilizações e disputar o território e provocar as guerras. Mas eles não pensam como índios e continuam chegando às terras indígenas dizendo que são os católicos, os evangélicos de seitas messiânicas e trazendo mais religiões para dominar os nossos povos. Os índios são divididos pelos invasores, acreditam na conversa dos brancos e, portanto, tornam-se vulneráveis para manter as nossas tradições que asseguram a identidade tradicional. Hoje temos muitos professores indígenas que não sabem quase nada de histórias antigas. Mas sabem repassar os conhecimentos de brancos que foram escritos e que não tratam de nossos assuntos. Infelizmente, os professores indígenas só sabem repassar os conhecimentos de brancos para os nossos filhos. Não sabem a importância que tem as culturas indígenas para o nosso país e, por isso, esses professores servem mais aos interesses do Estado em troca de salários que não resolvem os nossos problemas reais que enfrentamos em nossas comunidades.

Hoje, muitos professores indígenas se sentirão ofendidos. Mas isso é uma realidade. Não estou defendendo o interesse de uma classe social indígena, mas a coletividade, o socialismo indígena que está sendo destruído pelo sistema capitalista. Eu não represento, aqui, o sentimento da maioria dos Tukano e muito menos de outras tribos do rio Negro. E, ao mesmo tempo, não posso ficar omisso sobre o fato de o sistema oprimir o meu povo. Digo, também, que existem muitos líderes que não representam o meu pensamento quando fazem a defesa dos programas desenvolvimentistas do governo federal e dos missionários.

O Colégio São João Bosco – Pari Cachoeira, 1963.

No dia 27 de fevereiro de 1963, o meu pai me internou no Colégio São Bosco, em Pari Cachoeira, rio Tiquié. Papai me matriculou naquele colégio com a moeda da época, que era um paneiro de farinha. Com outros paneiros de farinha ele comprou para mim duas calças e duas camisas, uma rede e um cobertor. Comprou um prato, um caneco e uma colher. Feito isso, o papai me levou no dormitório para amarrar a minha rede; e guardei a minha roupa num pequeno armário e deixei o meu remo por perto.

Depois fomos com o senhor Luís Pilato, italiano, responsável e mestre em alfaiataria, para receber a farda e uma toalha de banho. Voltamos novamente ao dormitório dos menores e médios. Os maiores ficaram no outro. E éramos mais de 180 alunos internos. Foi nesse dia e nessa data que acabou a minha liberdade tribal. Eu tinha os meus dez anos incompletos, não sabia falar português e nem sabia o que viria pela frente.

Antes eu nunca precisei andar vestido na aldeia. Agora não, eu e os outros meninos vindos de diversas aldeias fomos obrigados a andar vestidos, tomar banho de calção e formar fila para ir à igreja, à aula, ao porto e para descer ou subir no dormitório. Eu era o segundo homem da fila dos menores, visivelmente mais fraco e visado por ser indefeso. Sim, fiquei no meio de tanta gente diferente de outras tribos. Foi uma verdadeira confusão de ideias. Senti falta do meu mundo que ficou na aldeia São Francisco, não tinha mais a proteção dos meus avôs e nenhum dos meus amigos por perto. Perdi o carinho dos meus pais e nem sabia qual futuro me esperava. Nem o meu pai me dissera como deveria ser o plano de vida tradicional na aldeia. Eu era uma das vítimas da civilização do Estado brasileiro.

As meninas ficaram internadas no Colégio Maria Auxiliadora e receberam o mesmo tratamento duro por parte das freiras. Muitos filhos de chefes tradicionais foram desvalorizados nos colégios. Recebíamos a doutrina cristã, não tínhamos mais o direito de reclamar e nem expressar as nossas religiões e consequentemente testemunhamos à morte das línguas nesse meio. Assim, as minorias que se encontravam nos colégios começaram falar em Tukano. Essas confusões são conhecidas e comprovadas em todas as missões salesianas do rio Negro.

Estando no colégio interno, entre os anos de 1963 a 1966, sempre observei o comportamento e a luta dos líderes indígenas de Pari Cachoeira que pensaram em salvar os índios que foram enganados pela civilização europeia. Nessa época o mestre de cerimônia era o Tomás Maranhão, Tukano, muito comunicativo e respeitado pela sociedade daquela vila. Esse dirigia as grandes festas tradicionais, chamava outros cantores e bailarinos – Firmiano Castro, Henrique Castro, Prudêncio Costa, Ivo Costa e outros. Pari Cachoeira era um dos centros de difusão da religião católica, mas, na prática, fazia resistência à catequese. As mulheres de chefes iam às roças para arrancar a mandioca e depois preparavam caxiri de primeira qualidade para oferecer aos maridos. Assim, os chefes promoviam festas e davam diretrizes políticas próprias para resistir à expansão colonial. Tais festas não agradavam os missionários. Mas o povo não estava nem aí, a Vila de Pari Cachoeira era muito movimentada, porque os sábios usavam expressões próprias, uma didática tradicional para educar os jovens.

Pela tradição, também, Francisco Machado, Manoel Machado, João Fontes, Ivo Costa, Cândido Gentil, Ângelo Brandão foram os políticos mais expressivos e respeitados e, em conjunto, cuidavam dos assuntos tribais daquela vila. E, quando vinham outros líderes de aldeias do interior, convocavam a reunião extraordinária com os chefes clânicos. Feita a conjugação de força política, a decisão era tomada por todos. Assim, Pari Cachoeira tornou-se o maior centro de decisão política do rio Tiquié. Sim, a minha região – Pari Cachoeira – teve bons educadores tradicionais para que pudéssemos defender as nossas culturas, a nossa terra, os ensinamentos sagrados, a liberdade de expressão, a igualdade e a justiça social.

Certa vez o meu pai foi convidado para a festa de Dabucuri que se realizou em Pari Cachoeira. Como era de costume, o papai convidou os chefes das comunidades de Santa Luzia, Maracajá, Santo Antônio e São José. Não havia nenhuma desordem. Os nossos sábios sabiam como fazer grandes festas. Foram as melhores lembranças para os nossos povos tradicionais, pois assim é que se vivia antigamente, com muitas festas e com muita união.

Os missionários não gostaram nada disso e ficaram furiosos. O meu pai e outros chefes nossos que organizaram essa festa foram criticados pelos salesianos e pelos catequistas indígenas que não conheciam e nem queriam saber das nossas tradições. Segundo os críticos, éramos os "índios brutos", os "comedores de epadú", os "atrasados" que não queríamos o progresso do mundo branco.

Para fazer esse tipo de oposição aos nossos chefes tribais, os missionários tinham como costume nomear os "catequistas" e os "capitães" em todas as comunidades. Ficou claro para nós que a Igreja precisava de uma reforma geral, ou seja, certos missionários não tinham a compostura política e ética para permanecer no meio da gente. Sobre os erros de certos missionários, nós, lideranças indígenas, não podemos perdoar para que os mesmos não se acostumem mal. Temos que abrir o diálogo franco, construtivo e educá-los, dizer a verdade quando eles cometem erros. Seria o caminho ideal, mas eles não querem.

Desde 1964, sendo inocente e não tendo alternativa para adquirir os novos conhecimentos em outras escolas do país, aprendi a marchar e cantar o hino nacional com muito orgulho, em Pari Cachoeira, para alegrar as comitivas da FAB, exército e políticos. Pensando bem, os missionários salesianos sempre defenderam a integração do índio à comunhão nacional. Por isso, os missionários nos deram a farda para a melhor apresentação na hora de sermos fotografados e filmados para sair nas revistas de maior circulação no Velho Mundo e na capital do país.

De fato, o brigadeiro Eduardo Gomes foi um dos oficiais de alta patente que mais deram apoio às missões salesianas do rio Negro. Como éramos inocentes e também por vivermos em regime de internato, estávamos sujeitos a todo tipo de ordem missionária. Com isso, crescíamos com o espírito de brasilidade forte e, sem dúvida, servimos de exemplo para defender a pátria brasileira e acreditar em nossas autoridades constituídas.

É claro que, nós, os alunos internos menores, apanhamos dos maiores e dos próprios missionários. O jeito era seguir os maiores na hora da marcha. À época ninguém falava da demarcação da terra. As nossas aldeias que estavam espalhadas por todo o rio Negro não conheciam as cercas de arame farpado. Agora, as casas dos missionários é que tinham as cercas de estacas e de arame farpado. Todas as missões tinham lojas sortidas. Os missionários compravam os paneiros de farinha e os índios levavam os produtos industrializados como a roupa, brilhantina, panela, forno, sapato, sabão, querosene, óleo diesel e outras mercadorias. Todas as missões tinham os trabalhadores indígenas, que eram os marceneiros, alfaiates, pedreiros, sapateiros, mecânicos, vaqueiros, cozinheiras, serradores de tábua para as novas construções. Eu nasci nessa época em que a Igreja Católica teve o seu apogeu no rio Negro.

A proibição de falar em línguas próprias

Na década de 1950 surgiu a organização de catequistas e capitães que foi denominada de "Ação Católica". Essa "Ação Católica" reprimiu muito os sábios tradicionais que faziam as cerimônias de benzimento para curar as doenças e/ou para se proteger dos espíritos maus. Era guerra ideológica para acabar com todos os chefes tradicionais, os nossos curandeiros, os cantores e os vários costumes de fazer o jejum e/ou dieta para manter a sabedoria espiritual. Esses missionários modernos diziam que os nossos instrumentos sagrados, as Flautas Sagradas, eram de demônios. Vergonhosamente, os missionários roubaram/tomaram todos os nossos instrumentos sagrados e venderam para os museus do Rio de Janeiro, São Paulo, Lisboa, Paris, Berlim e Londres.

Nas aldeias os nossos sábios tradicionais morreram de tanta tristeza. Os sábios não conseguiram repassar os conhecimentos tradicionais como antes, porque nós estávamos nos colégios/internatos carregando estrume de gado, capinando e plantando mandioca. E comendo o produto industrializado, a carne enlatada que fazia muito mal para alunos que receberam o rito de iniciação, para serem grandes homens das aldeias. Eu fui uma das vítimas, quase que morri de graça de tanto comer a comida estragada e mal feita pelas freiras e índias menstruadas.

O meu avô materno, José BOHOÓ, era um dos grandes pajés. Quando novo, fez todo sacrifício para ter a força espiritual e curar os doentes e proteger as aldeias. Era muito respeitado no seio de nossa sociedade. Mas, um dia, um padre italiano obrigou-o a jogar todos os instrumentos sagrados num poço fundo do rio Tiquié que ficava próximo de nosso porto na aldeia São Francisco. Foi a pior derrota do vovô, religiosamente.

Sim, repito, os sábios foram humilhados e foram obrigados a jogar fora todos os instrumentos sagrados de fazer pajelança. Isso foi muito triste para o meu povo. Os meus avôs paterno e materno que eram sábios não gostaram nada disso. Por isso, sempre deram conselhos ao meu pai, para defender essa cultura milenar. Assim, quando eu era pequeno, vi o meu pai aprender todas as cerimônias e praticá-las durante os grandes eventos que celebramos na Aldeia São Francisco e em outras comunidades. Essa resistência aconteceu, porque muitos índios ficaram doentes e sempre procuravam os pajés. É claro que não havia hospitais nas aldeias, não tínhamos remédios, as mulheres morriam no parto por falta de benzimento, as crianças recém-nascidas contraiam doenças que só os pajés sabiam curar, os pais de crianças recém-nascidas levaram lições duras de espíritos das florestas e das águas. Assim, era necessário castigar os catequistas e capitães indígenas ligados aos padres. Enfim, os pajés saíram vitoriosos quando defenderam a medicina tradicional, porque ensinaram a seus filhos as lições para vida do povo.

O Papa, o cardeal e demais bispos, católicos e evangélicos, ficariam bravos se algum índio queimasse a *Bíblia* e quebrasse o cálice. Os missionários que chegaram às nossas aldeias cometeram erros gravíssimos quando acabaram com tanta cultura religiosa que o mesmo Criador do Mundo nos deu para sermos diferentes deles.

As grandes casas comunais, conhecidas como "malocas" e que representavam o nosso universo cultural, foram destruídas, acabaram os costumes de socialismo e, no lugar das malocas, cada família levantou a casa própria e introduziu-se outro sistema de vida. Alguns chefes tribais esconderam as Flautas Sagradas no fundo dos igarapés, os enfeites feitos de penas das aves foram recolhidos pelos missionários e depois vendidos nos museus da Europa e da América do Norte. Foi um saque cultural irreparável e o nosso povo ficou desestruturado até nos dias de hoje. Em seguida, vieram outros pesquisadores e colecionadores de enfeites indígenas, daí começa a surgir o mercado clandestino de animais silvestres, peles de animais e outros produtos de extrativismo, comandado pelos missionários. Hoje, o meu povo está triste.

O MEU PRINCÍPIO NO ATIVISMO

São Paulo, dia 03 de agosto de 1981

Hoje não consegui dormir direito. Senti muita falta de meus pais, dos irmãos pequenos e parentes que precisam de mim. Não sei como ajudá-los nesse momento.

Bem, a minha vida tem que ser útil à luta dos povos indígenas. A teoria, quando não é escrita por uma liderança do Movimento Indígena, sem dúvida, se torna uma perda de consciência política para o povo que precisa pensar e organizar a luta para sair da opressão. É preciso distinguir bem o que é o Movimento Indígena e, ao mesmo tempo, conhecer bem quem são os funcionários da Funai – aqueles que são os amigos dos índios e que nos defendem piamente para que possamos ter a demarcação das nossas terras, e os outros que são confusos por defenderem os ideais de certos parlamentares contrários aos nossos interesses.

São Paulo, dia 04 de agosto de 1981

Depois que passei por sofrimentos incríveis fora de minha terra natal, hoje, tenho uma visão política própria, sentimentos e propostas que não precisam ser manifestadas pelos intermediários. Assim, farei uma comunicação direta com os líderes e outros aliados para relatar o que sinto. De fato, sou o porta-voz do meu povo, que vive nos confins do Brasil. Vou falar do sofrimento desse povo, ouvir de outros representantes das classes sociais do Brasil os relatos sobre os seus problemas. Pretendo fazer um Brasil rico de culturas indígenas. Eu quero viver e falar sempre da cultura do meu povo.

Os bispos católicos e evangélicos estão me compreendendo quando lhes falo da realidade do meu povo. Em suma, o governo brasileiro tem o dever constitucional de demarcar as nossas terras. Com tanta demora em demarcar as nossas terras, naturalmente estamos sujeitos a perder os territórios de nossos antepassados. São estas as coisas que eu falo nas escolas e para pessoas que sempre procuraram novas informações sobre os povos indígenas. E, também, dou entrevistas para os jornalistas todas as vezes que surgem conflitos nas comunidades indígenas.

Ao colocar o meu pensamento no papel, eu revelo os momentos alegres de minha infância e, em outros instantes, os nossos corações indígenas se transbordam de tristeza. Os ouvintes são simpáticos e sentimentais e, assim, me animam para não desistir de lutar pelos nossos direitos.

Eu não estaria aqui se não tivesse a tamanha confusão com o alto e baixo clero e seus missionários, que mandam mais do que nós, índios, no rio Negro. A própria Funai não me apoiou, pelo contrário, deu força total para os missionários salesianos que combatem as nossas cerimônias de benzimento e as festas tradicionais. Talvez, se alguns índios tivessem pena de mim, estariam do meu lado para exigir a mudança de comportamento de todos os missionários que se encontram na prelazia do rio Negro. Mas eu não vou retirar nenhuma palavra minha de crítica sobre estes missionários. Esse poder intocável que eles têm no momento, certamente cairá um dia; e os colégios ficarão vazios, sem internatos. Aí sim, os índios do rio Negro terão momentos para refletirem melhor sobre o passado triste; e fazerem uma projeção política afirmativa, positiva para resgate cultural dos povos.

Aqui, eu sou como se fosse estrangeiro no meio dos brancos. Estou na maior cidade do Brasil onde existem muitas coisas boas, muita riqueza nos campos plantados de cana-de-açúcar, laranja, café e outros cultivares, indústrias de carros e de aviões. No entanto, infelizmente, estas coisas não pertencem aos povos indígenas. Logo, não tenho nada de concreto e vivo no meio do povo que não sabe repartir a comida e nem a casa.

Estarei firme nessa luta e, quando necessário, sem orgulho, irei à procura de amigos para ouvir os conselhos dos mais velhos que têm propostas para lutar pelos nossos povos indígenas.

A minha chegada em São Luís/MA, em 14/08/1978

Cheguei a São Luís do Maranhão às sete horas da manhã, dia 14 de agosto de 1978. Vim aqui para estudar, trabalhar e conhecer as novas tecnologias. Depois que fui acomodado pela senhora Maria Albina Couto, eu, o Geraldo e uma criança órfã de quatro anos, fomos conhecer o mar. Tudo me parecia ser um mundo maravilhoso. Vimos as ondas do mar e a água salgada, muito vento e tomamos água de coco; e depois voltamos para casa. Foi o melhor Dia de Índio.

No outro dia fui me matricular no Colégio MENG para curso de pré-vestibular. Esse estilo de vida me trazia grandes sonhos, pois um dia eu voltaria para o meu povo como médico cirurgião clínico. Em seguida, sim, eu já estava na sala de aula. Era uma maravilha...

Passado alguns meses, eu fiquei preocupado, pois através dos jornais soube da existência dos irmãos Guajajara que lutavam pelo seu direito à terra. Nos intervalos, alguns colegas me interrogavam sobre a briga de índios Guajajara. Eu não tinha resposta para aquilo. A briga foi acirrada, houve luta entre índios e fazendeiros, os pistoleiros mataram os meus parentes. Na minha sala de aula eu me sentia encolhido, triste. Saía da aula porque aquela notícia me chocou. Somente naqueles dias eu fiquei sabendo da existência da ditadura militar. Pesquisei mais notícias na biblioteca, mas foi difícil satisfazer a minha curiosidade e não encontrei o que realmente me interessava.

Certo dia eu estava passando na Praça Gonçalves Dias, prossegui até a Igreja do Carmo para me reunir com os jovens católicos e depois falar de temas que nos interessavam. Para minha surpresa, o pároco estava falando mal dos índios Guajajara de Barra do Corda. O Frei estava defendendo Dom Albino, Bispo de Grajaú, amigo dos fazendeiros que impediram a demarcação da terra dos meus parentes. Fiquei triste e não comentei nada com meus companheiros.

No dia 1º de outubro de 1979, passei na Rua do Sol para conhecer A Casa do Índio que estava sob responsabilidade da Funai. Era muito estranho, porque na minha região não vivemos às custas da Funai e nenhum funcionário de governo manda em nossas comunidades.

Eu estava bem vestido e com dinheiro no bolso. Uma funcionária me barrou na entrada e fez várias interrogações desnecessárias. Essa pessoa era antipática, mal-educada e usando um discurso sem nexo, desaforado. Enfim, acabei discutindo com ela, porque essa pessoa era bruta e merecia uma resposta à altura de sua falta de compostura.

No fundo da casa vi alguns índios sentados, tristes. Eram velhinhos doentes e as orelhas deles estavam furadas e continha rodelas brancas de madeira leve. A casa era suja, cheia de moscas e fedia por não ter ventilação. Mais parecia um hospício. Fiquei triste. Pensei muita coisa e me vieram interrogações que não dariam um belo discurso sobre os agentes da Funai. Pensei: não vou estudar mais. Os índios do Maranhão tinham problemas fundiários gravíssimos e ainda vivem numa casa suja. Que tratamento é esse? Será que os índios são bichos para serem controlados e que não podem receber a visita?

De tanta tristeza, resolvi não estudar mais e deixei de lado o movimento jovem de católicos. O pensamento só piorou: eu tinha casa, escola e trabalho, o lazer nos finais de semana, enquanto isso os meus irmãos índios que vi na casa da Funai viviam numa outra realidade. Portanto, procurei saber de mais coisas sobre os índios do Maranhão e fui novamente às bibliotecas e só encontrei os documentos antigos, lindas poesias e a história de Cabanagem. Certas pessoas descobriram o meu endereço e me mandaram os informativos do CIMI, ANAI, ABA, SBPC e OAB que defendiam os direitos do povo brasileiro. Entendi bem as mensagens e guardei para ler mais vezes as notícias. Olhando o panorama antigo, percebi que era necessário organizar o movimento das lideranças indígenas do Brasil.

A minha permanência em São Luís, de modo geral, foi positiva. Como índio, sim, passei a ler bastante, sempre observando as atitudes dos governantes para cuidar da questão indígena, que era a mais delicada naquele estado. Conheci brancos e negros, e nada de índio. Também percebi que eu deveria escrever os relatos do meu avô João a respeito dos nossos antepassados. Os livros que li não foram escritos pelos índios. Eram versões de pessoas de fora, que não eram dos Guajajara e nem dos Tukano.

A cidade de São Luís era muito linda. Cartão postal: Palácio dos Leões. Muitas igrejas, praças, construções antigas que refletiam os duros trabalhos escravos. Li as obras literárias dos maiores escritores maranhenses. Foi bom demais poder ler essas obras. Eu adquiri todos esses conhecimentos literários. Agora vou escrever o que tem de bom no seio do meu povo – tradições, educação, a história de lutas e defesa territorial dos índios.

Os índios Xocó, Ilha de São Pedro, rio São Francisco/SE, em 15 de outubro de 1979.

Eu estava vivendo em um mundo de incertezas. Não sabia por onde começar e com quem conversar sobre a temática indígena. E, por sorte, recebi o convite do CIMI Norte I, para participar da reunião dos índios Xocó que viviam na Ilha de São Pedro, rio São Francisco, estado do Sergipe. Isso foi bom, porque até aquele momento ninguém me disse que tinha índios no Nordeste. Eu achava que índios só existiam em Pari Cachoeira, alto rio Negro/AM.

Alguns índios de São Gabriel da Cachoeira/AM, apesar de serem menos letrados, só porque falam a língua geral se sentem superiores aos Tukano, e nem querem ser mais índios. A vaidade é tamanha quando falam que são os descendentes de nordestinos, de portugueses e espanhóis. Assim, realmente o pobre Tukano, por mais importante que seja – se falando de clãs – nunca vai arranjar mulher no meio desse povo; pois essa gente tem o pensamento de branco e já perdeu as tradições. As festas deles são de santos padroeiros que precisam de "promessas" dos índios em troca de bênçãos. E, em troca destas promessas, os santos lhes concedem os milagres e/ou realizações dos egos. Alguns tontos usam os santos para fazer a praga contra seus inimigos. Isso é muito ruim, porque eu entendo que nenhum santo pode fazer mal a ninguém.

No dia 9 de outubro de 1979, peguei o ônibus em São Luís/MA com destino a Recife/PE. Durante a viagem fiquei lendo os textos antigos que falavam de minha região. Era a minha primeira viagem e, por isso, fiquei observando a natureza que era bem diferente do Amazonas. Passamos de noite na cidade Teresina/PI e fazia muito calor. Cortamos o sertão de Pernambuco e várias cidades bem conhecidas: Serra Talhada, Arco Verde, Caruaru, etc. Assim que cheguei a Recife, comprei a passagem para Aracaju/SE.

No dia 11 de outubro de 1979 cheguei à rodoviária de Aracaju e fiquei perdido, por esta ser grande e bonita. Não conhecia e nem sabia como funcionava a saída de ônibus para o interior. Também não vi nenhum índio de cabelo liso e comprido, não tinha ninguém para me receber ou instruir com quem deveria seguir a viagem. Nessa ocasião, perdi o ônibus que veio com destino a Pão de Açúcar, que fica às margens do rio São Francisco. Então peguei o táxi para ver se eu alcançava o ônibus e percorri durante uns 30 minutos. Enfim, saquei os três mil contos para pagar o táxi e, infelizmente, um funcionário do CIMI Norte I só me deu mil e duzentos. Eu fiquei muito bravo com esse sujeito e embarquei no ônibus muito chateado e aliviado ao mesmo tempo. Era por volta de 17 horas quando chegamos à beira do rio São Francisco. Procurei os índios e, nada! Cadê os índios? E nada! Eu não vi nenhum índio naquele porto e fiquei perdido, a não ser alguns brancos, mulatos e negros.

Realmente fiquei muito chateado com a situação. Depois peguei o barco para atravessar o rio São Francisco e chegamos à cidade de Pão de Açúcar. Procurei hotel e descansei um pouco. Depois fui jantar e procurei saber como deveria fazer para chegar à Ilha de São Pedro. Uma moça simpática me tratou muito bem e fomos apreciar o movimento da cidade. Assim, no dia 12 de outubro de 1979, continuei observando a cidade e, por volta das 14 horas, fretei o barco para chegar à Ilha de São Pedro. A viagem levou 25 minutos e paguei 400 contos. Eu fiquei com mais raiva do funcionário do CIMI Norte I que me destratou desse jeito, isto é, abusando de minha boa vontade. Gastei todo meu dinheiro de graça...

Para minha surpresa os índios Xocó eram morenos e outros negros. Com todo respeito, jamais pensei encontrar índios morenos e negros no Brasil e fiquei com a cabeça cheia de interrogações. No dia anterior, alguns barqueiros que me viram no porto, não me falaram nada que eram índios e, segundo os mesmos, acharam que eu fosse um tal de "japonês". Assim, procurei os dirigentes da comunidade e me apresentei para participar da reunião. Continuei pensando na Casa do Índio, em São Luís, que tinha índios bem diferentes. Agora, o meu mundo era outro, cheios de povos diferentes. Eles também ficaram alegres quando me cumprimentaram e falei na minha língua para provar que eu era índio mesmo. Assim, fui levado para casa da reunião e correu tudo bem.

A Ilha de São Pedro fica no rio São Francisco e tem água cristalina que dá para ver muitos peixes que ficam no fundo. É uma ilha pequena se comparando com as do rio Negro. O rio São Francisco não é largo, mas é o rio mais importante desta parte do Brasil. É nessa ilha que vive o povo Xocó, que cria gado, porcos, galinha, cachorro, burro e outros animais. Eles plantam a mandioca, milho e outros cultivares para sua sobrevivência. Assim, esse minúsculo território dá vida e força para esse povo continuar na luta pelos seus direitos à terra de seus antepassados. Segundo a versão dos mesmos, o prefeito de Propriá é que lhes expulsou. Assim, dá para perceber que os políticos dessa região devem ser anti-indígenas. Os fazendeiros que tomaram a terra dos índios vivem de grilagem de terra e sempre tendo o apoio dos políticos que vivem em Brasília ou na capital daquele Estado.

A opressão do prefeito de Propriá é inaceitável e, por isso, os índios Xocó fizeram o convite aos líderes indígenas de outras partes do Brasil, a fim de analisar a questão fundiária no Brasil. Eles precisam de nosso apoio para retomar a terra deles que se encontra nas mãos de forasteiros. Esses nossos anfitriões estão passando por momentos apertados em todos os sentidos. Eles têm muita fé na luta de que um dia voltarão para sua terra.

As casinhas dos Xocó tem significado: solidariedade. Eles são comunicativos, alegres e os meninos brincam e apreciam os índios que vieram de outras partes do Brasil. Algumas casas são cobertas de telhas de canal e outras com pedaços de lona preta. A água cristalina do rio São Francisco é refrescante, saudável e alimenta com peixes gostosos o povo Xocó. Fiquei bastante pensativo vendo a minúscula terra que nos acolheu tão bem e que nos alimentou através de seus filhos, líderes simples e que têm muita fé na luta. Também fiquei com raiva dos fazendeiros que não respeitam os índios do Nordeste. Certamente, as crianças de hoje irão retomar a terra, os velhos ficarão felizes e poderão manter as tradições religiosas. Esse povo é religioso, canta e dança Toré.

Digo que foram os momentos importantes para pensar nos índios do rio Negro. A maioria ainda só quer ser "branco", por ser batizado na igreja católica ou evangélica. Senti muita dor na pele quando ouvi e vi a situação do povo Xocó que precisa viver na terra própria. Eu estava ali sozinho, sem força e sem dinheiro para ajudar esse povo. O meu cabelo liso e preto, pele morena, olhar triste por compartilhar o sofrimento desse povo. É preciso esquecer o individualismo entre os líderes insurgentes do Nordeste.

Eu também fui individualista, era cristão não praticante e quisera ser médico cirurgião clínico para ajudar os meus parentes do rio Negro que não falam português. Por ser um dos ex-alunos da congregação salesiana, aprendi o suficiente e consegui o bom emprego. Quando me deparava com os analfabetos eu me sentia "superior" e, assim, por muitas vezes cometi os mesmos erros dos evangelizadores de índios. Em nenhum momento os missionários me ensinaram sobre a cultura e existência de outros povos indígenas no Brasil e sempre achei que a religião católica fosse a única do mundo para salvar os homens. Mas, o povo de São Luís, os negros têm religiões próprias e os índios têm as deles. Agora, sim, que dá para perceber que é preciso educar os missionários brancos. Agora quero esquecer dos padres que falam mal de nossos curandeiros e pajés, dos chefes tradicionais que dirigem os povos tão belos e ricos de conhecimentos tradicionais. O pastor evangélico tem a família constituída, fala de Deus. Agora, não sei se eles praticam o que pregam. Pelo que eu conheço os padres salesianos do rio Negro não tem mulher. Ouvi dizer dos curiosos que eles têm amantes, e outros dizem que têm comportamentos estranhos.

A religião do homem branco é muito forte. Somos considerados como ovelhas para ser "papados" e morrer caladinhos. A religião é um instrumento do homem branco para matar a alma indígena, amortece o ânimo para aprender as nossas cerimônias e cria vergonha de nossa identidade. Isso acontece no meio das tribos do rio Negro. Na verdade, o padre e pastor nunca vão nos ensinar o que nos interessa e, sim, sempre matarão as nossas tradições; e isso pode levar os nossos povos ao extermínio cultural. Tomemos muito cuidado com as cobras das civilizações vindas de fora.

Durante esse encontro percebi que a minha mente mudou. Cresci dentro de mim, pensei e prometi combater a destribalização nas missões salesianas da prelazia do rio Negro, porque se não garantirmos as tradições e perdermos as línguas valiosíssimas, ficaremos sem identidade e, consequentemente, entregaremos a nossa terra aos brancos. Pensei e vou ser crítico ao ensino ministrado pelos missionários nas escolas. Vou orientar as novas lideranças e ter uma visão política própria, tradicional e de respeito mútuo entre os povos.

Tive saudade de São Luís, aprendi muita coisa fazendo observações indígenas nas lindas praias e nas viagens pela ilha. Não sei quando voltarei, pois estou indo para outro rumo junto com os povos indígenas que precisam de demarcação de seus territórios. Sempre me lembrei de São Gabriel da Cachoeira, do percurso que fiz até aqui para dialogar com jovens de vários credos, para saber dialogar e conseguir o respeito, fazer alianças com setores populares para mudar a história distorcida do Brasil em relação aos índios. Fui um dos bons zagueiros no meu time Internacional, um bom padioleiro e praça mais distinto no meio de 400 soldados do 1º Batalhão de Engenharia e Construção, em 1977 (nome dado ao nosso time de futebol de São Gabriel da Cachoeira, em homenagem ao time Internacional do Rio Grande do Sul). Fui funcionário padrão e queria ser mais que tudo isso. Só o tempo vai definir como será a nossa luta e quais as conquistas que faremos.

Hoje, no dia 15 de outubro de 1979, preciso começar do zero, lutar pelos direitos coletivos de nossos povos. Essa tarefa não será fácil, e, mesmo assim, hei de fazê-la com dignidade.

VOANDO ALTO COM OS PÉS NO CHÃO

A história do passaporte Nº CA713599 -
O primeiro passaporte indígena da história

Estou na cidade de Manaus, capital do Amazonas, munido dos documentos exigidos para tirar o primeiro passaporte de índio brasileiro. Já tive muitos certificados de estudos, de serviço militar e de outros cursos. Esse passaporte irá me proporcionar novos caminhos para que eu possa encontrar os aliados dos povos indígenas. Hei de conhecer muitos povos e líderes indígenas, embarcarei nos aviões de rotas nacionais e internacionais; e esse mundo se tornará pequeno.

Hoje, numa segunda-feira, dia 17 de novembro de 1980, estou indo ao escritório da Polícia Federal para dar entrada dos meus documentos para tirar o passaporte. Vou viajar para fora do Brasil, denunciar os missionários que não respeitam as religiões e os costumes indígenas. Eles querem acabar com as nossas lindas culturas no rio Negro, querem nos dominar, falar por nós.

Como de praxe, dei a entrada dos meus documentos na sede da Polícia Federal. O agente que me atendeu disse para voltar depois de amanhã para apanhar o passaporte. Para passar o tempo, fiquei conversando sobre a crise política do país e a situação fundiária dos índios do rio Negro – que estava no zero. A terra não estava demarcada, os índios não estavam informados sobre o valor que a terra tem para viver, trabalhar, caçar e ficar longe da pressão dos patrões.

No dia 19 de novembro de 1980, às nove horas, eu e Dr. Hildebrando Dias, da OAB/AM, descendente do povo Munduruku, fomos ao escritório da Polícia Federal. Vendo que eu estava acompanhado de advogado, fui atendido rápido e saímos felizes com o passaporte Nº. CA 713599 nas mãos. O que parecia difícil foi resolvido. Seguimos em direção ao escritório do CIMI para dar a notícia do meu passaporte. O pessoal gostou e o Dr. Deocleciano de Souza, irmão do Márcio, me levou na loja na Varig para comprar minha passagem para Brasília. Às 11 horas, já estávamos no Aeroporto Eduardo Gomes. E foi desse jeito que vim para Brasília. Quando deu 17 horas, os companheiros do CIMI me entregaram a roupa de frio e a passagem no Aeroporto Internacional de Brasília. E sob a curiosidade de uma jornalista da Revista *Veja*, fiz a conexão para o Rio de Janeiro. Não deu para falar com a jornalista. O momento era inoportuno, era preciso guardar o segredo para não chamar a atenção do Ministro do Interior e do Presidente da Funai, ambos militares de linha dura.

Hoje, não me resta nenhuma dúvida de que dei o maior drible político no governo brasileiro e na Funai, que não queriam que os índios viajassem para outros países. A Funai estava impedindo a viagem do meu parente Mário Juruna, Xavante, pois este líder tradicional não tinha instrução e nem documentos para tirar o passaporte. Eu preferi ficar calado e dar o apoio a Mário Juruna quando estivesse no cenário internacional. A nossa briga era contra a ditadura militar e não dava para brincar com o Presidente da Funai e com certos funcionários desse órgão, que seguiam à luz da doutrina, achando que os índios não poderiam viajar para fora do país por serem tratados como menores e/ou como "relativamente incapazes". Na prática, isso era para controlar o índio que brigava pela liberdade de expressão própria, porque os chefes tribais nunca foram relativamente incapazes e, por isso, dirigiram suas comunidades e povos com diálogo democrático – o que não está acontecendo com governo brasileiro, que não respeita os princípios da Declaração Universal dos Direitos Humanos.

Foi um dia muito importante na minha vida, pois às 19 horas eu já estava no Aeroporto Internacional do Rio de Janeiro. Fiquei nervoso e me perdi no meio da multidão multilíngue que retirava a bagagem. Em seguida, passei no balcão da Polícia Federal como qualquer cidadão e entrei no saguão do aeroporto sem conhecer ninguém. Para minha sorte, encontrei-me com o Padre Egydio Schwade, cidadão muito bom, que logo partiu no outro avião com destino a Holanda, a fim de participar do IV Tribunal Bertrand Russell.

Pensei: E agora, para onde vou? Fiquei sentado, olhando outros que só falavam inglês fazendo compras na loja para levar lembranças e outros que consumiam cerveja e outras bebidas. Eles tinham muito dinheiro pelo que percebi, menos eu... Às 21 horas eu estava na fila do embarque, meio tonto, pois não sabia quem é que estaria me ajudando a sair dessa confusão. O avião era o jumbo da Varig. Era enorme e ali estavam mais de 320 passageiros. Os ricos ficaram num andar de cima e era tudo muito organizado. As aeromoças deram atenção especial a todos passageiros e fui sentar no banco detrás, na ala do meio. Foi legal, porque as moças ainda falavam o português e fiquei pensando: Poxa! Mas que pássaro grande que engoliu tanta gente... Daqui a pouco esse pássaro vai voar para Nova York com toda essa gente. Mas, que destino?!...

Pois sim, antigamente os nossos antepassados navegaram numa canoa muito grande, PA'MɨRI YUKɨSɨ, a Canoa de Transformação da Humanidade, o Barco-Cobra Grande que veio navegando no fundo das águas da Ásia até DIA HÕPEKÕ DHITARA, hoje conhecida como Baía de Guanabara. Fiquei imaginando como foram inteligentes os nossos antepassados mitológicos para fazer a navegação submarina sob o comando do DOETIHIRO; e quanto tempo teriam levado para fazer essa história que está na minha cabeça... Os nossos antepassados descobriram os caminhos dos oceanos, não escreveram a história nos livros, mas nos informaram, através da educação oral, até os dias de hoje. Agora, não. Estou dentro da barriga desse enorme pássaro que vai voar longe... Vou descobrir os caminhos dos céus... Ah! Meu Deus! Era uma verdadeira maloca com tanta gente, o pássaro de asas enormes e cuja barriga mais parecia a da Cobra Grande dos nossos mitos. Fantástico!...

Pensei: Hoje vou furar o mundo, não quero mais ficar sozinho e buscarei aliados na Europa. Hoje, dentro desse avião, ninguém mais me pega, nem Dom Maldonado, nem Guilherme, ninguém... Estou voando!... Passados alguns minutos de voo, uma bonita aeromoça me chamou para sentar na última cadeira do avião, bem próximo do banheiro. Foi nesse momento que conheci a famosa jornalista Memélia Moreira, descendente de Macuxi, que escrevia matérias quentes no jornal *Folha de São Paulo*. Foi um alívio, perdi o medo de viajar sozinho e começamos a conversar. Essa senhora conhecia bem como estava a situação indígena pelo Brasil. Assim, conversei com a imprensa brasileira de grande porte dentro do avião. Esse encontro me chamou atenção, porque tudo aconteceu no avião. Eram exatamente 23h30min, lá estávamos voando em direção à Nova York, EUA. Em seguida as aeromoças nos trouxeram lenços quentes, que eram úmidos, para limpar o rosto e as mãos, serviram bebida e comida grátis para todos os passageiros. Foi bom demais!

No dia 20 de dezembro de 1980, depois de nove horas de voo, chegamos ao destino. Tive o meu primeiro choque cultural com os gringos. Eu não falava inglês, não tinha dinheiro e fiquei na sala de imigração durante 12 horas por não ter o visto de entrada nos Estados Unidos. O aeroporto era gigantesco, desciam e subiam muitos aviões, centenas e centenas de passageiros chegavam e outros partiam. A maioria dos funcionários que trabalham aqui é gente negra, desconfiada com os estrangeiros pois pensam que vamos ficar nesse país para trabalhar e viver por muito tempo. Nessa confusão fiquei pensando: O homem "civilizado" dos USA pode ser amigo do índio? Será muito difícil. Já à noite, às 20 horas, saímos num avião árabe lotado, com destino a Amsterdã, Holanda. Foi um dia muito cansativo, passei muitas horas no aeroporto com fome e agora vou enfrentar mais sete horas de voo. Fazia muito frio, caia a neve, doía os ossos das pernas e saía fumaça pelo nariz quando eu respirava. Enfim, consegui sair dos Estados Unidos.

Foi horrível, ninguém se conhecia no avião. Em terra, fiquei sabendo que os índios norte-americanos e latinos estavam ali presentes, naquele mesmo voo. Vimos muitos jornalistas, repórteres e outros curiosos. Não percebi o tempo passar devido ao cansaço e só acordei quando o avião pousou em Amsterdã. Quando o avião parou as turbinas, recebemos a ordem do comandante para desembarcar e seguimos de ônibus para o saguão, a fim de pegar a bagagem. Era numa manhã de 21 de novembro, um sábado. Foi nesse momento que conheci Dom Tomás Balduíno, Presidente do CIMI; Darcy Ribeiro, antropólogo; Márcio de Souza, escritor amazonense; Padre Egydio Schwade e demais personalidades que lutam para acabar com as ditaduras militares.

Fiquei com muita saudade do Brasil. Lembrei-me da história do Brasil, quando se fala do Maurício de Nassau que construiu belos palácios e jardins em Recife. Sem dúvida, eu era o primeiro índio Tukano a pisar na Holanda. O país era pequeno e bem valorizado pelos seus habitantes. Havia muitos canais artificiais, plantações de florestas e não tinham montanhas. Uma moça loira era a motorista de ônibus e a manhã estava meio nublada, fria demais. Vi as pontes móveis que descem e sobem para passarem os barcos ou os carros. Vi o gado holandês tão falado no Brasil, as ovelhas e os camponeses que vivem nas casas de madeira muito bem montadas e pintadas. Em todas as casas tinham os vasos de flores, era uma terra de jardim. Num país pequeno, quem tem o pedacinho de terra deve ser muito feliz. Os demais vivem nos apartamentos e sustentam o padrão de vida caríssima. A população daqui é branca mesmo, não aquela de São Gabriel que se diz descendente de "cearense". Os homens são altos e simpáticos, as mulheres altas e poucos são os negros.

As cidades de Amsterdã e Roterdã são cortadas pelos canais artificiais. Existe muito movimento de embarcações médias que levam os turistas. Os restaurantes são limpos e caros. O povo é trabalhador e os turistas gostam de gastar bem. Já nas estações de trens vimos os estrangeiros nervosos, fumam muito e são diferentes dos holandeses, meio sujos e pedem esmola. Bebem muito e são bravos. Fomos informados de que nesse país o pessoal fuma muita droga em certos bairros e por isso corre muito dinheiro.

O tempo aqui é muito estranho mesmo, não se vê sol forte como no Brasil. Estamos no inverno. O sol mal clareia das 11 horas até às 14 horas. O sol passa longe de nosso olhar como se fosse por volta das seis e meia da tarde. Assim o resto do tempo é escuro e por isso essa gente consome muita energia e depois se trancam nas suas casas por onde existe o ar quente, água quente, e assim vão vivendo. Quase não andam nas ruas, pois é muito frio, doem os ouvidos e os ossos do corpo. É bom saber, também, que esse povo não toma banho que nem nós, que estamos acostumados a nos jogar nos rios e ficar à vontade. Eles vestem as roupas pretas e grossas para se protegerem do frio, andam rápido e a maioria usa a bicicleta. Realmente, é um povo diferente. Boa noite Brasil!

Roterdã, Holanda, 22 de novembro de 1980

O Estado brasileiro não está sabendo promover os povos indígenas, porque sempre está em briga quando os chefes de nossas comunidades querem a demarcação da terra. Aqui, na Holanda, o povo é bem diferente do rio Negro.

Está claro que a congregação salesiana não tem respeitado os nossos velhos e líderes que defendem a preservação das culturas, dos cânticos, das histórias e dos bons costumes dos povos das florestas. Esses missionários têm uma visão centralizadora, não querem dialogar conosco, pregam a palavra de Deus, e a maioria não pratica o que diz a *Bíblia* e são segregacionistas, vivem nas missões por onde existe a doutrina hierarquizada. Nós, por sermos socialistas natos, ficamos confusos com todos esses missionários que introduzem o egoísmo, defendem os interesses pessoais e não os dos nossos povos. Por aqui, eu vi muitas igrejas evangélicas. Cadê que os missionários católicos do rio Negro para "converter" essa gente e dizer que só o Papa é o verdadeiro chefe da Igreja? Esse povo pensa diferente. Então, também pensamos diferente de muitos brancos. Na verdade, somos os povos mais antigos que a história do Brasil. Somos os verdadeiros socialistas, somos homens simples e sempre soubemos cuidar de nossos imensos territórios que tem as extensas florestas, ricas em fauna, rios e lagos imensos e limpos em todos os aspectos. Esta civilização não existe na Europa.

Hoje conheci muitos índios latinos que fizeram à exposição geral de miséria, da falta de segurança, educação e saúde.

Foram criticados os governos militares que sofrem a influência dos Estados Unidos.

Roterdã, Holanda, dia 25 de novembro de 1980

Ontem muitos jurados do IV Tribunal Bertrand Russell falaram mal do governo brasileiro que discrimina os povos indígenas. Outros elogiaram tão bem o Cacique Mário Juruna que briga contra o governo brasileiro para obter o passaporte para vir à Holanda. Quem será o Mário Juruna? Certamente será o meu companheiro de luta para defender a autodeterminação dos povos indígenas. Segundo as informações, o Cacique Mário Juruna nasceu às margens do rio Couto de Magalhães, em Barra do Garça/MT. Em 1951, o Mário Juruna assistiu o sangrento combate de índios com fazendeiros e colonos por causa da terra na região do Parabubu. Ele acompanhou a caminhada dos sobreviventes que foram rumo à colônia salesiana de Sangradouro. Em 1957, Juruna e os demais parentes se transferiram para a nascente da Reserva de São Marcos. Dali, um ano depois, ele partiu sozinho ao encontro dos brancos e gostou. Em 1975, junto com os irmãos e primos, abandonou São Marcos e fundou a aldeia Nanucurá.

Hoje, o meu passaporte NºCA713599 e do Mário Juruna, NºCA805087 marcam o novo tempo de liberdade para os povos indígenas do Brasil. A minha liberdade começou quando o avião decolou do Rio de Janeiro com destino a Nova York. Assim, tive a oportunidade de ter o diálogo positivo com os representantes de outros povos, e podemos unificar a luta dos povos da América Latina. Através dos índios da América Latina ouvi falar de autodeterminação. Estou curioso, feliz por fazer parte de grupos de pessoas para mudar o pensamento dos futuros missionários salesianos, dos dirigentes da Funai que até agora só visam integrar o índio à comunhão nacional, para eliminar os saberes milenares e, assim, calar de vez as nossas vozes. Estou feliz por estar aqui, pois vim defender os nossos territórios, as tradições, o pensamento e os saberes dos curandeiros para salvar o mundo dos povos indígenas.

Esta viagem me proporcionou romper o controle dos missionários e da Funai nos aviões da FAB. Sou índio inteligente, sou capaz, livre, sou gente como tantos outros e sempre vou defender a língua do povo Tukano. A justiça foi feita contra a vontade do Coronel da Funai. O nosso direito constitucional diz claro: o direito de ir e vir de todo cidadão brasileiro. Daqui para frente os direitos humanos dos povos indígenas serão defendidos nos fóruns internacionais e nacionais com o apoio da Ordem dos Advogados Brasileiros – OAB.

Roterdã, Holanda, 25 de novembro de 1980 – A leitura da carta do Mário Juruna

Ontem, dia 24 de novembro de 1980, no Auditório Doelen, mais de 500 delegados internacionais escolheram o Cacique Mário Juruna para ser o Presidente do IV Tribunal Bertrand Russell. Foi o momento mais importante e emocionante, ver os

500 delegados ficarem em pé e aplaudindo na frente das televisões internacionais e pedindo o fim das ditaduras militares na América Latina. O Brasil perdeu a moral no cenário internacional. Eu e Mário Juruna estamos lutando juntamente com povo brasileiro para acabar com essa ditadura militar. Em parte, os missionários salesianos terão que me engolir contra a vontade, pois serei amargo e crítico pelas suas atuações juntos aos índios do rio Negro, enquanto não mudarem sua atitude centralizadora.

Na ausência do Cacique Mário Juruna, o antropólogo mexicano, Dr. Guillermo Bonfil Batalla, assumiu a presidência dos trabalhos interinamente. O tribunal considerou que a proibição do governo brasileiro que inviabilizou a viagem do Mário Juruna foi o último exemplo de desrespeito à autodeterminação dos povos indígenas. Em seguida a mesa recebeu a carta do Juruna. Imediatamente, o Dr. Guillermo me convocou na plenária para ler a carta. Nesse instante pensei: Eu? Ler a mensagem do Juruna para o mundo? Senti-me arrepiado, emocionado, pois assim começávamos a formar o bom time de oradores e estávamos no time mais importante do mundo, o IV Tribunal Bertrand Russell. Eu não era jogador de futebol da seleção brasileira, mas a sensação era parecida, pois estávamos ali defendendo os índios oprimidos dentro da própria terra. Sim, foi o momento importante.

Falei em Tukano, e disse à plateia que eu estava ali para defender os índios brasileiros, os latinos e outros que necessitam de paz e liberdade. Apresentei-me como DOETIHIRO, meu nome de cerimônia tradicional que o meu avô João ꟷREMIRI me deu. E, disse-lhes que o nome Álvaro era emprestado, porque os salesianos só batizam os índios do rio Negro com nome de brancos e de santos. E, falei: isso está errado! Enfim, saudei a plateia e todos ficaram atentos para ouvir a leitura da mensagem:

"O governo parece ter medo de me deixar ir, porque eu vou explicar, vou contar para todo mundo aí da Holanda, a judiação, o crime que a Funai está cometendo contra as tribos indígenas do Brasil. Eles têm medo de mim porque não sou índio bobo. Eu conheço o problema, a pobreza das comunidades indígenas, e eu reclamo das autoridades. Reclamo na imprensa para atenderem aos índios que estão sem terra, que estão passando fome".

Palmas!... um minuto.

O Juruna também comentou a posição contrária do sertanista Orlando Villas Boas, que votou contra sua ida ao Tribunal Russell, atitude não compreendida por antigos colegas brasileiros e estrangeiros que auxiliaram os irmãos Villas Boas na implantação do Parque do Xingu. O Juruna disse na imprensa:

"Orlando diz que tribunal não presta porque não foi convidado. O Orlando quer que o índio fique sempre bobo, sem entender nada da vida do branco. Ele fica em São Paulo, ganhando não sei quantos milhões para defender a Funai, que está matando os índios."

Quando terminei a leitura vi muitas lágrimas em certas pessoas, estávamos falando para mais de 500 delegados. Cumpri a missão e pude sentir o pulsar forte do meu coração. Vencemos o silêncio imposto pela ditadura militar.

Roterdã, Holanda, dia 25 de novembro de 1980 –
O Brasil frente ao IV Tribunal Bertrand Russell.

Dom Tomás Balduíno, Bispo de Goiás, disse que o governo brasileiro, através de sua Agência de Desenvolvimento do Ministério do Interior, estava mantendo o processo sistemático de expropriação do território do povo Nambiquara nos estados de Rondônia e Mato Grosso, dentre outras ações que levarão, inexoravelmente, ao seu extermínio. Falou duro contra a Funai que emitiu certidões negativas, que nega a existência de povos indígenas e o seu direito ao território. Disse que a Funai autorizou empresas particulares a se beneficiarem dos incentivos fiscais do governo para implantar seus projetos agropecuários.

Fez a exposição sobre a BR 364, que liga Cuiabá a Porto Velho, por onde o 9º Batalhão de Engenharia e Construção, no espaço de um mês, abriu uma picada de 490 km, cortando a área indígena. Essa estrada prejudicará os povos indígenas Cinta Larga, Suruí, Gavião e Uru-Eu-Wau-Wau, que são grupos que vivem na área de influência do Polo Noroeste – Programa de Desenvolvimento do Noroeste Brasileiro. Dom Tomás explicou que o desfolhante químico usado pelas empresas agropecuárias no Vale de Guaporé são o Tordon 155 e Tordon 101, fabricados pela Dow Química e que contêm o agente laranja, substância altamente prejudicial ao meio ambiente. Esse veneno foi utilizado no Vietnã e, por isso, pode causar os graves problemas aos povos indígenas e colonos.

Segundo Dom Tomás Balduíno, a população Nambiquara que era de 10 mil foi reduzida para 200 pessoas. Por isso, o Bispo apelou ao IV Tribunal Bertrand Russell para que solicite ao governo brasileiro a imediata paralisação dos trabalhos da BR 364. Exigiu a imediata demarcação da terra indígena Nambiquara e o imediato não financiamento por parte do Banco Mundial, para não acabar com a vida dos povos indígenas.

Esse Bispo é muito diferente do Dom Maldonado, rio Negro/ AM. Portanto, fico contente em conhecer esse Bispo que defende os povos indígenas e não está do lado do governo que impede a demarcação das terras. Meus parabéns! Pela coragem e dignidade missionária. Outros expositores foram a antropóloga Ana Lange e o fotógrafo Vincent Carelli, que formularam a denúncia contra o governo brasileiro. Gostei muito desses brasileiros.

**Roterdã, Holanda, dia 25 de novembro de 1980 –
O caso dos missionários salesianos do rio Negro/AM.**

Os missionários salesianos se instalaram no rio Negro, em Uaupés, no ano de 1914. Portanto, passaram 66 anos de catequese/civilização ocidental que oprime ideológica e sistematicamente os saberes milenares dos pajés, curandeiros, ervateiros e dos caçadores. Infelizmente, a maioria dos índios não está preocupada com estas coisas e nem com a demarcação das terras, porque os salesianos, veladamente, negam a nossa existência de povos indígenas distintos. Esses missionários querem a integração imediata dos índios à comunhão nacional.

Hoje o escritor amazonense Márcio de Souza acusou as missões salesianas que atuam no rio Negro. Disse que esses missionários esmagam a expressão religiosa indígena, causando com isso o crime de etnocídio que consiste na desorganização social do grupo.

A organização espacial dentro da maloca refletia a organização social do grupo e suas ligações políticas e de parentesco, e era o centro da vida religiosa. Os missionários, percebendo a importância das malocas na coesão do grupo, destruíram-nas o mais cedo possível para desorganizar o povo e melhor dominá-los e catequizá-los. Hoje em dia não existe mais nenhuma maloca no alto rio Negro do lado brasileiro. No lugar das malocas, existem casas de taipa típicas do interior do norte brasileiro, disse o Márcio. E continuou:

"Os salesianos do Rio Negro executam até melhor que a Funai a política de extermínio sistemático dos índios, sendo uma verdadeira multinacional da fé que recebe todo apoio econômico dos organismos do governo. Os salesianos praticam o etnocídio sistemático dos índios Tukano e de outros desde 1915, através de um sistema educacional alienado, intromissão na estrutura tribal, desaculturação profunda, destribalização, proibição de conversarem na própria língua, racismo virulento, negligência genocida na medicina preventiva, exploração econômica criminosa e apropriação ilícita das terras indígenas tradicionais. Além disso, os salesianos vêm perpetuando crimes contra os indígenas nos 400 anos da história do Brasil."

Mais adiante o mesmo ressalvou que nos últimos tempos a maioria da Igreja modificou sua atitude, confessando seus erros do passado, quando era apenas aliada dos poderosos contra os oprimidos.

Perguntado pelo júri do tribunal se havia resistência entre os próprios salesianos a esse tipo de atitude, disse que houve, mas que quem se opôs foi imediatamente expulso. Ele elogiou o CIMI nacional e ressalvou que, atualmente, à exceção dos salesianos, já há muitos casos de missionários de outras ordens assassinados lado a lado com líderes indígenas, por tentarem defender seus direitos. Acrescentou que os salesianos estão mais acuados dentro da própria Igreja e que, como todo animal acuado, se tornam cada vez mais opressores, vingativos e exterminadores de índios. Informou que eles estão registrando terras indígenas no nome da Ordem Salesiana, que tentaram boicotar a visita do Papa em Manaus, e disse ainda:

"Os salesianos promoveram um festival folclórico dos índios bem comportados para João Paulo II ver. Mas a coisa não ficou nisso, porque o Mário Juruna e outros líderes não aceitaram e forçaram, mesmo contra a segurança, um encontro com o Papa que ficou impressionado. O Papa até falou de Nações Indígenas, um critério que os salesianos e o governo brasileiro preferem ignorar, não os considerando como nações distintas, com costumes e línguas diferentes, e sim tentando forçá-los à fé católica e a serem brasileiros."

Em seguida, elogiou as forças progressistas da Igreja Católica, mas condenou veementemente as missões protestantes.

Isso causou impacto negativo, já que a Holanda é um país eminentemente protestante.

Feito isso foi a minha vez. Consertei o erro do Márcio e aproveitei em poucos minutos para defender as acusações do meu companheiro. Falei da importância da bebida sagrada KAPI (Ayahuasca) que era oferecida nas grandes solenidades. Todas essas cerimônias foram proibidas pelos salesianos o que comprova, portanto, o crime de etnocídio. Disse que os certos missionários mais parecem fascistas que não deixam de ser ditadores, que ficam todo o tempo ao lado governo federal que viola os Direitos Humanos. E, apesar de não gostarem das nossas tradições, as freiras salesianas vêm explorando cinicamente o artesanato que vendem pelo preço alto aos turistas que vão visitar o Museu do Índio, em Manaus e em outras cidades. Para que fizeram então o voto de castidade e de pobreza? Questionei. Fiquei meio nervoso, pois era a minha primeira palestra internacional e concluí: "O Português para mim é uma língua emprestada. Não é do meu povo!" As pessoas gostaram muito e bateram palmas.

Voando Mais

Não paramos só em Roterdã – Holanda. De modo geral, a Funai sempre dizia que não tinha recursos para desenvolver os nossos povos, por isso, buscamos o apoio internacional e solidariedade. De minha parte, quando fui dirigente da UNI Nacional, dei apoio concreto para nossa luta. Quando o povo

Sateré-Mawe sofreu a invasão de uma multinacional francesa, conheci o grande líder desse povo que era o Dico. Este era um líder forte que brigava com o delegado da Funai e era contra o General Comandante do Comando Militar da Amazônia. Na terra desse povo foram enterradas 40 toneladas de dinamites. A Funai e o CMA sempre foram a favor da multinacional.

Na ocasião, realizamos uma grande conferência em Genebra, Suíça, a fim de discutir sobre os crimes dos governos latino-americanos contra os povos e territórios indígenas. Comprei com o dinheiro de minha bolsa de estudo (correspondente a todo o curso de sociologia) três passagens de ida e volta para os seguintes líderes: Dico Sateré-Mawé, Daniel Cabixi e Valdir Tobias. Participamos como a delegação da UNI, e resolvemos a questão da indenização para os Sateré-Mawé.

Enfim, a UNI Nacional cresceu, mas eu nunca mais pude continuar os meus estudos na PUC São Paulo, porque gastei todo o dinheiro ajudando os nossos parentes. E não me arrependo, porque avançar na luta é muito mais importante que a realização pessoal. O que eu fiz, certamente, alguns índios não fariam; muito menos os nossos tutores da Funai.

Tive o prazer de convidar o Sr. Domingos Veríssimo, Marcos Terena e Mário Juruna para fazerem parte da delegação da UNI Nacional e outros líderes para ampliar a nossa luta. Portanto, realizamos um trabalho simples para fortalecer os demais líderes.

Manaus/AM, dia 19 de janeiro de 1981

Aceitei o convite do Conselho Índio Sudamérica – CISA, com sede em Lima, Peru, para participar da reunião que trataria sobre a ideologia indígena Tawanta Suyo. Assim, como estava sem dinheiro, não fui. Logo em seguida, chegou outro convite da Austrália, via CIMI. Mais uma vez não tive apoio para a minha viagem.

Manaus/AM, dia 25 de fevereiro de 1981

Acabou a minha paz na cidade de Manaus. Ontem, os índios que não querem ser índios e que estavam a favor dos missionários me agrediram fisicamente. Nesses dias tenho percebido o comportamento estranho de certos índios que me discriminam, só porque critiquei os missionários. Tornou-se perigoso andar nas ruas. Aliás, não dá para continuar morando por aqui com tanta perseguição política.

Sem trabalho, sem aula e só vendo outros comerem bem... Assim não dava mais para viver em Manaus. O jeito era sair e conhecer outros índios que tivessem os problemas fundiários. Passando o tempo, no dia 6 de março de 1981, fui visitar alguns companheiros do CIMI e fiquei sabendo da Primeira Assembleia Indígena do Nordeste, em Garanhuns/PE. Com o apoio do CIMI, saí de Manaus com destino a Belém. A moeda era mal cotada e gastei cem cruzeiros tomando o café no aeroporto de Belém.

Em seguida a professora Maria Helena Barata, aluna de antropologia da UnB, foi me buscar. Assim, pude descansar e me alimentar na casa dela e, à noite, peguei ônibus para São Luís/MA. Entre os dias 9 a 11 de março passei em São Luís, visitei os meus amigos e companheiros. Foi uma verdadeira festa, muita curiosidade por parte dos colegas e muitos me pediram para que eu esquecesse o que passara comigo, pois gostariam de me encontrar na sala de aula para que eu pudesse garantir o futuro. Foi uma tentação violenta... Pensei muito. Realmente, quase que fiquei novamente entre os amigos. Mas as velhas histórias de colonialismo tiveram mais peso. Eu tinha o compromisso com o movimento indígena e deixei os conselhos de amigos para prosseguir a luta em favor dos povos indígenas.

No dia 12 de março de 1981, prossegui de ônibus durante 25 horas e cortamos o sertão de Pernambuco. Em Recife eu me perdi, não conhecia ninguém e fui parar numa pousada.

No dia 15 de março de 1981, segui para Garanhuns e me encontrei com o representante do CIMI Nordeste. Até aqui acabou o dinheiro. Eu não estava preocupado, porque ele disse que "alguém" me daria o dinheiro para o meu retorno. Fiquei aliviado, pois conheci os líderes Pankararú e outros. Fiquei livre de Manaus, e conversamos muito sobre a situação do índio brasileiro. O representante do CIMI queria que eu fizesse de acordo com a vontade dele. Mas eu neguei. Não gostei, resmunguei num tom merecido e ele me achou ruim. Consegui fazer articulação e percebi que o meu caminho estava se abrindo aos poucos.

Eu estava com um pouco de recurso próprio que saquei em São Luís. Assim, após a reunião voltei para Recife e fiquei na Casa dos Estudantes. Em seguida fui para Olinda e, mais uma vez, fiquei na Casa dos Estudantes. Aproveitei para visitar o meu amigo Dr. Jarbas Vasconcelos-MDB, e este me colocou em contato com a imprensa para que eu falasse de assuntos indígenas no *Diário de Pernambuco*. Foi importante falar com a imprensa.

Recebi a comunicação da Comissão Pró-Indio de São Paulo, dizendo que a reunião fora adiada para 29 de abril de 1981. Assim, eu fiquei confuso. O jeito foi pegar o ônibus para Brasília e ver como estava o centro de poderes.

No dia 1º de abril de 1981, às 13 horas, cheguei à rodoferroviária de Brasília. O destino era complicado, eu não conhecia ninguém. Eu não conhecia o pessoal do CIMI Brasília e, certamente, a eles não interessava os gastos que fiz. Por sorte, eu tinha o número do telefone da jornalista Memélia Moreira, da *Folha de São Paulo*. Assim ela me recebeu em sua casa e logo viu a minha dificuldade financeira. Com muito respeito, sim, ela me hospedou e me alimentou. Assim, conversamos bastante. Foi bom.

No dia 3 de abril de 1981, a minha amiga Memélia Moreira me apresentou o jovem Marcos Terena. Conversamos. O nosso pensamento era convergente e tecemos amizade. E foi assim que encontramos a força política. De passo a passo demos a tonalidade em nossos discursos.

Também pude conhecer a Universidade de Brasília. No Departamento de Antropologia encontrei o relatório do Dr. Peter

Silverwood Cope, antropólogo muito bom que escreveu sobre as ações dos missionários do rio Negro. O Dr. Peter Silverwood Cope, amigo dos Makú de Nova Fundação, Pari Cachoeira, rio Tiquié, município de São Gabriel da Cachoeira/AM.

**O Nascimento da União das Nações Indígenas – UNI
São Paulo/SP, dias 26 e 27 de Abril de 1981.**

Com muito clareza, eu e outros companheiros que têm acesso a imprensa nacional e internacional temos defendido a demarcação da terra para as nações indígenas. Havia muita expectativa dos índios para ter a expressão própria, pois eu e Mário Juruna tivemos que sair do Brasil para falar com os homens que defendem os direitos humanos dos povos indígenas.

Evidentemente, os intelectuais brasileiros que atuavam nas organizações não governamentais, como por exemplo Comissão Pró-Índio – CPI/SP, CPI/AC, Operação Anchieta – OPAN/AM, Centro de Trabalho Indigenista – CTI/SP, Associação de Apoio ao Índio – ANAI/POA, ANAI/RJ, ANAI/BA e CCPY/SP – Comissão para Criação do Parque Yanomami estavam com pensamentos amadurecidos e eram os defensores árduos da causa indígena. A ABA – Associação Brasileira de Antropologia, uma instituição científica, tem tomado a posição política afirmativa para defender os índios brasileiros nos cenários nacionais e internacionais. Outros brasileiros, também acadêmicos, que não fugiram da ditadura militar e formaram suas instituições, como por exemplo, o Centro Ecumênico de Documentação e Informação – CEDI/SP. A Igreja Católica criou o CIMI Nacional. Os evangélicos luteranos sensibilizaram os membros das demais igrejas para respeitar e defender as questões indígenas.

Tendo essa visão política é que da Dra. Manoela Carneiro da Cunha, Dra. Lux Vidal, Dra. Aracy Lopes, Rosa Pena, Luís Pena, Alba Lucy Figueroa, Carlos Alberto Ricardo e outros, em conjunto, organizaram o Encontro dos Povos Indígenas na cidade de São Paulo. Assim, vieram muitos índios de diversos lugares do Brasil e ficamos hospedados no Pacaembu, estádio de futebol, entre os dias 26 e 27 de abril de 1981, e ficamos falando de nossos assuntos relativos à demarcação das terras indígenas do Brasil.

Enquanto isso, no Palácio do Planalto, o General Chefe da Casa Civil ficou ofendido com as palavras "nações indígenas". Fomos mal interpretados... Sendo o militar de alta patente e falando pelo governo brasileiro, usou expressões negativas e humilhantes contra os povos indígenas. Essa notícia foi parar em nossos ouvidos e houve a reação imediata dos líderes indígenas. Assim, os coronéis da Funai não queriam ouvir falar de nações indígenas, porque para eles só existia a nação brasileira.

Na verdade, ninguém queria formar outros Estados dentro do Estado brasileiro. O que defendemos foi à demarcação das terras indígenas, à luz da Constituição Federal, Lei N°6001, Estatuto do Índio. Como cidadãos brasileiros, defendemos as culturas e tradições dos povos indígenas que têm suas terras tradicionais. O General não poderia desfazer a Constituição Federal que defende os nossos direitos. Via Funai, o Estado brasileiro tinha que demarcar os territórios das tribos distintas que vivem pelo nosso país e entender que as terras indígenas são os bens da União. Achamos que o General estava muito atrasado para dirigir e defender os interesses dos povos indígenas. Assim, combinamos com todos os líderes para formar uma organização indígena no Brasil.

**São Paulo/SP, dia 28 de abril de 1981 –
O dia mais agitado dos índios.**

Estamos numa manhã agitada por parte das lideranças indígenas que se encontram hospedadas no Estádio do Pacaembu. Porque será? Todos agitados, curiosos. Por exemplo, o Cacique Mário Juruna é o mais nervoso de todos e, tão cedo, de madrugada, extraordinariamente, convocou os líderes de sua confiança para um debate preliminar. Era bem cedo, a maioria de lideranças ainda estava dormindo e desconhecem o barulho do Juruna. O Sr. Domingos Veríssimo Marcos, Presidente Provisório da UNI Nacional, se espantou com barulho, acordou desconfiado. Na verdade, deve ter ouvido algumas palavras proferidas pelo Mário Juruna contra ele. E foi mesmo, pois este companheiro gosta de centralizar o poder e não respeita a posição política de outros líderes jovens de sua tribo. O Sr. Domingos não desconheceu a atitude do Mário Juruna que, na certa, irá dar o golpe político na direção da UNI.

Os momentos foram se passando e, sob o comando do companheiro Mário Juruna, em meio a tanta confusão de fala alta, todos os líderes que já haviam acordados, sentados nas cadeiras numa sala pequena, aguardavam ansiosos para ouvir a palavra da ordem do dia. Os índios subiam e desciam para se vestir, alguns tomavam o banho e outros partiam em direção aos quartos para apressar os companheiros, para acordar os lentos. Todos estão curiosos e ninguém sabe o que poderá acontecer nos minutos posteriores.

O povo Xavante é muito forte em tudo – do físico à pressão política em cima da Funai para que demarque a terra. Realmente, esse povo não brinca no trabalho. É povo guerreiro, destemido, que guarda na memória histórias tristes de tantas confusões de fazendeiros e grileiros que roubam a terra dos índios. O Juruna anda nervoso, apressado... Assim, em seguida, convoca os amigos para dar apoio ao Movimento Indígena e diz que é para corrigir os erros do governo federal. Em resumo: o Mário Juruna quer criar a Federação Indígena e, mais uma vez, faz críticas duras aos dirigentes do Estado brasileiro, a Funai que não cumpre o seu papel.

Nesse momento todos os líderes ficam admirados e outros se perdem no espaço e no pensamento. O Juruna se aproveita do tempo para dar a nova mensagem em português "primário", difícil e fácil ao mesmo tempo para todos os líderes, pois ele pensa rápido e joga os objetivos claros. Ele convoca todos os líderes para uma eleição para escolha de dirigentes nacionais. "É confusão animada para solucionar o problema do índio brasileiro", diz. E pede para pensar direito, rápido, e aprovar a convocação da eleição imediata. Enfim, todos aprovam. O Juruna ficou animado, falou, e falou duro, e não percebeu que a hora do café estava passando. Vendo o movimento de outros para tomar o café, reagiu. "E tem mais, mandem adiar o café um pouco mais. Esse café é menos gostoso do que a nossa discussão".

Juruna falou dos dirigentes da Funai que são indigenistas e sertanistas, que são contrários à opinião dele. Enfim, fez um belo relato histórico de sua luta em defesa da causa indígena e reprovou muita coisa do órgão indigenista oficial. Assim, deu a palavra aos outros e deles ouviu atentamente sobre as reclamações em torno dos dirigentes da Funai. O Juruna ficou mais animado e começou a revelar que os índios têm muita força política a ser construída pelo Brasil.

A Fundação da FOIRN –
Federação das Organizações Indígenas do Rio Negro

Assumindo a chefia do meu povo, e após conversar com muitos líderes de Pari Cachoeira, pensei muito para criar a FOIRN – Federação das Organizações Indígenas do Rio Negro, em São Gabriel da Cachoeira. Criei essa federação como base política daquela região. Um dos articuladores foi o companheiro Manoel Fernandes Moura.

Em Manaus, passamos as dificuldades de sempre: muita fome e falta de apoio. Mesmo assim criamos a FOIRN, em meio à grande polêmica de certos missionários e militares que gostavam de tutelar os índios. Fui criticado pelos especialistas de índios quando criei a FOIRN. Uns diziam que aquilo era absurdo e que ia acabar cedo porque não existiam mais índios no rio Negro. Realmente, essa foi uma conversa sem fundamento; e eu conversei com os líderes para sustentar o processo. Tivemos momentos duros, interferência do Estado/Igreja e falta de compreensão por parte de certos dirigentes indígenas. Mas, valeu! Fizemos uma história de nosso povo e conseguimos retomar uma filosofia indígena.

A FOIRN ficará mais forte quando as tribos resgatarem sua memória/tradição cultural e melhorar a economia nas aldeias. Ainda temos, infelizmente, certos índios que não assumem sua identidade e querem ser brancos. Mas quando ficam doentes vão parar na Casa do Índio/Funai e sofrem calados ou até pegam outras doenças.

Nós, índios, precisamos ter um espírito forte, reconciliador, sermos solidários para com todas as questões que prejudicam os seres humanos. Devemos ser simples, não ser egoístas ou oportunistas e nunca baixar a voz e a cabeça diante das autoridades do Brasil. Assim, podemos encarar melhor a nossa luta – que não tem preço, pois o amor pelo nosso povo é mais importante. Por isso, de fato, exerci a influência no Planalto e solicitei dinheiro e aviões para trazer as lideranças do interior e realizar uma assembleia extraordinária em São Gabriel da Cachoeira, pois muita gente só criticava o Projeto Calha Norte e Paranapanema sem conhecer a verdade.

Convidei os representantes Civis e Militares, CIMI, CEDI, Universidade Federal do Amazonas e políticos regionais. Conseguimos reunir 400 líderes, e, assim, estava dado o passo do nosso movimento: a criação da FOIRN – Federação das Organizações Indígenas do Rio Negro. Depois, todos voltaram de avião para suas casas, levando novas mensagens.

Eu sempre apoiei os novos líderes indígenas para exercerem cargos; e nesse momento apoiei o Edgar Fernandes Rodrigues e Orlandino Melgueiro da Silva para dirigirem a FOIRN. Depois a FOIRN foi dirigida por Jorge Pereira, índio Tukano de Pari Cachoeira. Mas, de repente, a FOIRN serviu como canal para oportunistas que antes nunca quiseram ser índios e, por isso, seguiam o calendário de trabalho de terceiros. Um dia a FOIRN caiu, os críticos sumiram e ficou apenas o índio Baniwa, Gersem Luciano; e os problemas aumentaram.

A Fundação do Triângulo Tukano: Pari Cachoeira, Taracuá e Iauareté

Depois que fundamos a FOIRN, sim, o CIMI e outras ONGs interferiram em nossos assuntos indígenas. Era necessário organizar o nosso povo e, por isso, nos reunimos com as diretorias de Taracuá e Iauareté, a fim de analisar os impasses do nosso movimento. Historicamente, o solo do Triângulo Tukano é sagrado para os nossos povos, pois essa referência se dá em torno da cachoeira de Ipanoré – que faz lembrar um dos Capítulos da Transformação da Humanidade. Portanto, o distrito de Taracuá é o centro de decisões políticas, a passagem obrigatória dos líderes de Pari Cachoeira e de Iauareté.

Dentro dessa visão cultural é que convocamos os representantes do governo brasileiro para discutir sobre os nossos territórios. Ali existe bonito aeroporto e um espaço grande no colégio para reuniões. Enfim, realizamos três importantes reuniões. Uma em Taracuá, para defender a demarcação da terra contínua. As outras reuniões acontecem em Brasília, para manter diálogo com os governantes e defender a demarcação de terra, segundo a decisão que tomamos em Taracuá.

Aproveitei a oportunidade para mostrar os novos caminhos para meus irmãos, porque, no mundo indígena, certos missionários escondem a verdade e têm medo de perder o controle sobre os mesmos. Fiz o trabalho a meu modo, em conjunto, e saímos fortalecidos para fazer uma frente única e exigimos do governo a demarcação dos nossos territórios.

Sempre procurei Mário Juruna, Megaron, Marcos Terena, Ailton Krenak, Biracy Brasil, Pedro Inácio, Raoni, Estevão Taukane, Kurejete Karajá e outros, para trocar informações. Articulei, sim, muitos trabalhos que fortaleceram a UNI Nacional.

Após as reuniões do Triângulo Tukano e, para fortalecer mais a FOIRN, convidamos o Ailton Krenak, coordenador da UNI Nacional, para termos uma reunião em São Gabriel da Cachoeira. Essa reunião foi muito importante, firmamos o documento entre CIMI/UNI/FOIRN/COIAB/CEDI. O CIMI não publicou na íntegra o nosso documento, por isso, prejudicou todo o acordo, pois partiu em defesa de projetos pessoais de seus assessores.

A Fundação da COICA

Entre os dias 25, 26 e 27 de junho/81, estive na cidade de Puyu/Equador, participando da reunião oficial sobre o pacto amazônico. Na ocasião tivemos uma discussão, em plena reunião oficial, com o Embaixador do Brasil, que não deixou eu me expressar pela UNI Nacional. Ele disse que o índio não tinha voz própria, a não ser a Funai falando por este. A discussão teve o impacto imediato de outros representantes indígenas, principalmente da Federação dos Centros Shuar e outras organizações equatorianas. Daí, analisamos que era necessário a união dos índios da Amazônia Legal; e por isso realizamos várias reuniões nos seguintes países: Equador (2 reuniões), Peru (1) e Venezuela (1). Em Lima/Peru formalizamos o acordo entre organizações nacionais e assim criamos a COICA – Coordinadora de las Organizáciones Indígenas de la Cuenca Amazónica. A COICA representa as ações das organizações indígenas para defender os seus territórios, os direitos constitucionais de cada País, a integração de luta política dos Povos Indígenas.

Por mim passaram líderes importantes. Por exemplo: Apan Karakras, Miguel Tankamash, que foi o fundador da Federação Shuar, Evaristo Nunkuag, José Urañavi, Augusto Francis Lores, Gabriel Muyui, etc. Fomos criticados pelos agentes de governos e entidades científicas por buscar uma voz própria, mas conseguimos manter a comunicação entre as organizações.

A COICA teve um papel internacional importante para defender os interesses de nossas organizações para a firme caminhada até hoje. Descrevo, em seguida, algumas de nossas atividades:

1 – Realizamos 70 eventos nacionais e internacionais durante 44 meses. Embora com pouco recurso econômico e humano, superamos as dificuldades, ou seja, fizemos grande esforço para cumprir os compromissos internacionais.

2 – Com muita dinâmica a COICA esteve articulada com várias instituições, participou de eventos e desenvolveu significativos trabalhos:

a) O Tratado de Cooperação Amazônica, suas comissões especiais e projetos;

b) O Fundo Regional Indígena e suas três reuniões técnicas preparatórias;

c) O Banco Interamericano de Desenvolvimento;

d) Assinamos o Tratado de Cooperação com 350 cidades europeias, a fim do apoio econômico para construção dos escritórios das Organizações Indígenas para Aliança de Clima;

e) As Organizações Ambientalistas dos Estados Unidos e Aliança Indígena Ambientalista;

f) A Organização Internacional de Madeiras Tropicais e o Programa de Ação Florestal Tropical;

g) A Conferência das Nações Unidas sobre o Meio Ambiente e Desenvolvimento da (CNUMAD) e seus quatro comitês preparatórios;

h) O Fundo de Facilidade Ambiental Global;

i) O Programa das Nações Unidas para Desenvolvimento da ONU;

j) Organizações das Nações Unidas para Agricultura e Alimentação;

k) A Organização Internacional de Trabalho e

l) Banco Mundial.

Em todas as instâncias nós sempre articulamos reuniões internas e realizamos esforços para ter resultados, avanços importantes e prestígio para a COICA.

3 – Por causa das longas distâncias, e por falta de dinheiro, a UNI Nacional ficou numa situação difícil e não pode realizar a reunião da COICA. Mesmo assim, em diversos pontos da Amazônia surgiram grandes organizações indígenas. Nos outros países, por serem de maior densidade indígena e suas organizações efetuarem congressos regionais/nacionais, ampliou-se a direção da COICA. O Conselho Diretivo da COICA foi ampliado em Lima, em março/1989 e maio/1990; em São Ignácio de Mojos, Bolívia, em novembro/1991, na ocasião do Seminário de Desenvolvimento Autônomo (1992) e da III Reuniões Técnicas do Fundo Indígena.

4 – Quando consultados pelas instituições financeiras, nunca tocamos nos assuntos internos e brigas de indivíduos que atrapalham o avanço da luta indígena, mas estivemos dando apoio às diversas ações: a marcha dos índios do CIDOB – Bolívia; OPIP – Equador; Prédio Putumaio – Colômbia e AIDESEP – Peru.

A UNI e a COICA alcançaram projeto próprio e sempre trabalharam em ritmo superior às nossas expectativas. Realizamos trabalho correto e oportuno e recebemos como resposta o surgimento de muitas organizações em todos os países da Amazônia, e foi possível dar uma resposta positiva aos aliados pela causa. Cobrimos e conquistamos grandes espaços políticos como povos organizados. Esse desafio não para por aqui, pois devemos nos aprofundar em outras alternativas políticas e mostrar aos nossos povos.

Não podemos ignorar todas essas tarefas duras, pois muitos de nossos companheiros foram assassinados e não puderam ter essa alegria de analisar a História dos Povos Indígenas.

PENSANDO, REVENDO E SEGUINDO

Após a ECO-92, o Movimento Indígena brasileiro passou por um processo de ampliação de força, de reflexão em busca de coesão para coordenação das atividades regionais, nacionais e internacionais.

Em todas as regiões da Amazônia, as organizações indígenas começaram atividades para defender seus territórios e procuraram o apoio das entidades para poder mobilizar a opinião pública. Em quase todas as instâncias, a Funai foi criticada, não porque fosse uma inimiga, mas sim porque seus tutelados, os povos indígenas, não terem a devida assistência e proteção digna.

Obviamente, desde que surgiu a Funai, temos acompanhados as constantes sucessões de seus presidentes, a posição firme das entidades para defender os direitos constitucionais, pequenas e grandes concentrações dos povos indígenas para exigir do governo e do Congresso Nacional a demarcação de seus territórios e outros direitos.

Foi suficiente a conscientização de nossas organizações, e hoje já temos mais de 126 organizações que buscam uma conjugação interna; mais comunicação entre lideranças e organizações; liberdade para nos expressarmos livremente e, quando necessário, ficarmos unidos e traçar aliança com as entidades.

Não podemos dizer que tudo correu bem entre os nossos principais líderes dos movimentos. O mesmo com as pessoas de certas entidades que, por simples timidez ou teimosia, valorizaram mais as diferenças pessoais; por isso, todos sofreram as mais diversas pressões dos políticos governistas que se aproveitaram dessas divisões. Tenho feito muita meditação para ajudar o movimento indígena, senti a falta de companheiros que foram assassinados, a falta de líderes fortes que ficaram no silêncio, o desejo de ajudar os velhos e novos líderes para fortalecer as organizações e terem maior intercâmbio de luta com a sociedade organizada.

A meu modo de ver, as instituições colonialistas são fortes, são os quartéis, missões religiosas de várias seitas ou mesmo a presença de madeireiros, latifundiários e garimpeiros nos territórios indígenas.

Infelizmente, vivemos num país onde dificilmente se cumprem as leis, isto é, vivemos mais tensos do que nunca. Encontramos mais dificuldades do que apoio da Funai e dos governantes e passamos por momentos difíceis.

Eu, Álvaro Fernandes Sampaio – Tukano, ex-coordenador da União das Nações Indígenas – UNI , Mariano Justino Marco – Terena, Mário Juruna – Xavante, Aílton Alves Lacerda – Krenak, Biracy Brasil – Yawanawa e outros fomos criticados por certas pessoas das entidades de apoio. Fomos divididos, incompreendidos por defender a liberdade de expressão e por não aceitarmos a manipulação ideológica de terceiros.

A Funai, por sua vez, nunca nos apoiou por ser um órgão

puramente tutor que na prática busca o eterno paternalismo que não dá autonomia para nossos povos. Os dirigentes principais desse órgão não gostam da palavra autodeterminação.

No começo de dezembro, na cidade do Rio de Janeiro, recebemos a visita do Orlandino Melgueiro da Silva – Baré, membro da COICA. Tivemos um diálogo difícil, mas produtivo, para rearticular e organizar melhorar as organizações velhas e novas, buscar os velhos e novos líderes indígenas que não se entendiam pelos motivos citados.

Na ocasião, analisamos as divergências e superamos as crises internas, a fim de traçar uma linha de ação junto aos movimentos estudantis e de trabalhadores organizados. E repassarmos as informações para os estrangeiros e outros grupos interessados na questão indígenas e meio ambiente. Mesmo sem recursos para tudo, procuramos cumprir as tarefas políticas até o mês de abril de 1993. A nossa comunicação ganhou velocidade à medida em que os problemas dos povos indígenas aumentam, diante das invasões.

Até aquele momento não pudemos realizar mais coisas porque não tínhamos apoio econômico de nenhuma entidade. Quem nos apoiou foi o Mário Fioravanti, missionário que sempre atuou a favor da UNI e que, por acaso – pelo destino ou Luz Divina, encontrou conosco durante a ECO-92. Este nos livrou da fome e de outros problemas da cidade grande, ou seja, foi sempre o melhor amigo particular. Em janeiro, foi embora para sua terra, Itália, porque o seu irmão estava muito doente, vindo inclusive a falecer poucos dias depois de sua chegada.

Além disso, este missionário nos levou à FASE no Rio de Janeiro, onde conhecemos o Lourenzo Zanetti, homem que conhece a situação do povo brasileiro e dos povos indígenas e, por isso, aprovou o pequeno projeto para que pudéssemos nos deslocar para Brasília, Manaus e outros lugares para encontros com outros líderes das Organizações Indígenas.

Logo realizamos uma viagem até Manaus, quando nos encontramos com a nova geração de líderes da COIAB a fim de reavaliar o avanço do diálogo. Mas percebemos que era preciso ter um pouco de paciência, analisar os problemas pessoais que ainda predominavam dentro daquela equipe.

De passagem por Brasília, procurei o Marcos Terena e avaliamos a cisão do movimento indígena, a instabilidade da Funai e a confusão de certas pessoas das entidades em relação aos nossos líderes. Também dialoguei com o ex-deputado Mário Juruna e outros Xavantes que sempre foram guerreiros. Ouvi o conselho dos líderes do Parque Nacional do Xingu, como Megaron, índio do povo Txucarramãe, e outros chefes tradicionais dessa mesma região; e com os líderes indígenas do Parque Nacional da Ilha do Bananal, líderes que atuam dentro da Funai. Procurei o meu amigo Estevão Carlos Taukane, do povo Bakairi, jornalista e indígena articulador de seu povo.

De modo geral foi muito difícil conduzir o diálogo, porque havia muita desconfiança e crítica recíproca por parte de índios que estão mais ligados à Funai. Alguns me taxaram como defensor da COIAB e outros diziam que não daria para unificar a luta dos índios. Mas pude transmitir a mensagem dos companheiros da Amazônia, corrigir as distorções e chamar-lhes a atenção e vice-versa. Enfim, valeu o trabalho, porque nunca ninguém se esforçou e procurou os líderes para uma reunião. Realmente foi difícil unificar, estreitar o diálogo nesses últimos oito anos.

Em Manaus também conversei com os coordenadores e encontrei a mesma dificuldade. Quem mais se preocupou foi o Orlandino, mas deu para entender e acompanhar o processo de avanço da luta. Embora sendo observado friamente por alguns índios e pessoas das entidades, participei de eventos importantes em Manaus, Porto Velho, Ji-Paraná e Goiânia, sempre expressando uma linguagem conciliadora.

Como não tínhamos dinheiro para viajar a outros lugares, por questões lógicas tivemos que articular com homens e mulheres por telefone. No Rio de Janeiro recebemos muitos líderes indígenas em casa e não medimos o esforço. Transmitimos a mensagem dos companheiros.

A nossa presença no Rio de Janeiro não só valeu para contatos com as ONGs brasileiras, mas fizemos interlocução no nível internacional; e acertamos compromissos para registrar as violências contra os territórios e povos indígenas da Amazônia. Um dos contatos foi com amigos holandeses que vieram para o Brasil a fim de registrar a luta, conhecer a nossa cultura e fazer uma publicação. Essa equipe se dirigiu para o rio Negro sob a coordenação de Manoel Moura – Tukano. Infelizmente não pude encontrar os nossos companheiros de luta porque peguei malária em Rondônia.

O Moura me telefonou de Manaus e comunicou-me sobre a viagem que faria durante 40 dias pelas organizações de base da Federação das Organizações Indígenas do Rio Negro – FOIRN. Após 60 dias me encontrei com este companheiro e fiquei sabendo de muita coisa. O mesmo elaborou um relatório de 30 páginas, contendo importantes informações das organizações de base da FOIRN.

No Congresso Nacional participamos de três seminários importantes. Primeiro foi sobre o Consumidor, Meio Ambiente e Minorias. Foi um diálogo promovido pelos representantes das ONGs nacionais e internacionais. Fizemos contatos com os parlamentares Marcos Penaforte, Sidney de Miguel, Fábio Feldman, Luciano Pizatto, que é o relator do Estatuto do Índio e outros ilustres companheiros. Veio o Ministro do Meio Ambiente, líderes dos Seringueiros, dos Trabalhadores Rurais Sem Terra e especialistas de assuntos ambientais.

Neste momento, tivemos um confronto com os representantes da USAGAL – União dos Sindicatos e Associações de Garimpeiros da Amazônia Legal, porque estes defendiam a exploração de ouro em territórios indígenas e a ocupação de "espaço vazio" na faixa de fronteira. Foi o começo da confusão e ficamos dois dias no seminário.

No dia seguinte, dia 5 de maio, tivemos outro encontro também no Congresso Nacional, foi uma cerimônia de lançamento de um livro sobre Biodiversidade e teve a participação de cientistas importantes e autoridade do ministério do Meio Ambiente.

Entre os dias 10 e 15 de maio, no Senado Federal, participamos da TV Assembleia do Parlamento Amazônico. Reuniram-se os deputados e senadores dos países da Amazônia para discutir sobre os Direitos Humanos e Povos Indígenas, Organizações Internacional do Trabalho, criação do Mercado Pan-Americano e a Universidade Pan-Amazônica, com sede em Manaus.

Para nós, índios brasileiros, foi uma decepção, uma vergonha quando nos confrontamos com o Senador Aloísio Bezerra (PMDB/AC), então presidente do Parlamento Amazônico; Deputada Federal Zilá Bezerra, Senadora Marluce Pinto, Senador Carlos Alberto de Carli (PRN/AM), Deputado Federal José Dutra (PMDB/AM), que foram contra a demarcação das terras indígenas. O único parlamentar que nos defendeu foi o Deputado Federal Sidney (PV/RJ) que conseguiu obstruir os interesses dos deputados da Amazônia brasileira.

Infelizmente o governo de Roraima trouxe uma caravana de 24 deputados estaduais e federais para pressionar o governo para não demarcar o território Yanomami e Makuxi.

Os parlamentares de outros países não foram tão radicais ou contra os índios e o meio ambiente. Ainda vieram dois índios deputados federais: um do povo Quíchua do Equador e outro do povo Cubeo da Colômbia, fronteira com o Brasil.

Eu e o Cláudio Pereira – índio Moura, Coordenador Geral da COIAB na época, Estevão Taukane – índio Bakairi, e dois Xavante, apreciamos e ouvimos as palavras dos parlamentares brasileiros e saímos tontos de tanta angústia. Os parlamentares que mencionei acima não têm conduta e nem ética para ocupar os cargos, porque vivem mais para fazer calúnias contra os povos e organizações indígenas.

Nesse mesmo período, em Brasília, estiveram doze coordenadores da COPAIB (Conselho de Articulações dos Povos e Organizações Indígenas do Brasil); e veio uma delegação de Roraima – Raposa do Serra Sol, uma do Acre e outra do Xingu. Realizamos reuniões e conseguimos acertar muitas ações para unir as nossas forças.

Também em Brasília, fizemos um encontro com entidades a fim de discutir sobre a Revisão Constitucional, Campanha pela Demarcação das Terras Indígenas e Ano Internacional dos Povos Indígenas. Essa reunião foi interessante, porque desde de 1985 certas pessoas de entidades não tinham conversa aberta.

Precisamos de muita energia para pôr em ação todos os planos que foram tratados em tantas reuniões. Olhando mais pela frente, devemos pensar nos seguintes assuntos:

1 – Considerar que ainda estamos na nova etapa: para isso, é necessário reforçar ações para conseguir o apoio internacional/nacional para que os próprios índios busquem soluções concretas, através de suas organizações, para os problemas indígenas.

2 – Os dirigentes das organizações regionais/internacionais não podem seguir as táticas erradas do sistema; ou seja, os golpes da direita e esquerda só prejudicam o fortalecimento. A fofoca ou emissão de ofícios para derrubar seus companheiros e satisfazer interesses de terceiros demonstra a incapacidade de compreensão de nossa luta. O mais importante é fazer

uma coordenação conjunta para avançar no reconhecimento de nossos direitos.

3 – Todos os dirigentes devem conhecer profundamente a história da luta indígena, das posições do Governo e das ONGs, precisam seguir participando dos processos nacionais e internacionais que incidem sobre os nossos territórios e buscarem novas alternativas e propostas de política indígena.

A União das Nações Indígenas existe no diálogo prático e na luta de nossos povos, na caminhada de nossas organizações e quando temos verdadeiros aliados. O importante é saber distinguir as pessoas que conhecem a nossa linguagem e realidade, os nossos sofrimentos e esforço para dirigir e solucionar os problemas de nossas comunidades.

Hoje é muito fácil compreender quem somos e o que queremos. Não precisamos de muita influência ideológica de pessoas de fora, porque, na prática, essas pessoas não ajudam em nada as nossas famílias. A palavra bonita ou apoio moral não sustentam a luta de cada dia, por isso, devemos ser claros diante de certos líderes indígenas que não defendem bem nossos interesses coletivos e individuais. E quando a gente fala isso, ficam até chateados e pensam que queremos o poder ou cargo nas organizações. A nossa luta não é para ganhar cargo político ou função assalariada em quaisquer organizações. Temos que usar a inteligência, o pensamento próprio, a capacidade de lideranças para encarar o quadro nacional, saber questionar os pontos cruciais que os parlamentares nos apresentam. Temos que mostrar os erros das autoridades omissas nos crimes contra os nossos povos. Acabamos de assistir um cenário de genocídio do povo Yanomami, o total descaso do Estado brasileiro, controlado pelos grandes empresários bilionários que controlam a imprensa para confundir a opinião pública.

Resolvi escrever essas informações para poder discutir, dizer que sou livre dos intermediários e que sou o defensor da União das Nações Indígenas. Através da UNI Nacional, independentemente de críticas, vamos dar mais informações para as novas gerações. Não vamos disputar o espaço ou cargo de quaisquer organizações indígenas, mas procurar forças de líderes e organizações independentes de terceiros, procurar diálogo construtivo para não atropelar os métodos de trabalho, reconquistar a dignidade de tantos líderes e nunca esquecer de tantos companheiros que foram assassinados por defender a demarcação de suas terras. Temos experiência suficiente para andarmos sozinhos, sem intermediários, e saber fazer alianças necessárias e sérias para conjugar as nossas forças.

Não quero a polêmica e tampouco ofender aqueles que precisam de intermediários. Essa experiência eu já conheci quando era pequeno. Por exemplo, nasci na década de muito fanatismo do movimento católico dos missionários salesianos. Entre 1950 e 1960, as missões salesianas do alto rio Negro sofreram a resistência de nossos curandeiros ou sacerdote tribais que ignoram a salvação imposta pelo colonialismo. Os YAIWA (pajés) e KUMUA (curandeiros e filósofos tradicionais) resistiram sozinhos, realizando as cerimônias tradicionais para curar as doenças. Era comum ver as cerimônias antes e pós-

-parto para dar os nomes tradicionais e proteger dos espíritos malignos que pudessem causar doenças para pais e crianças recém-nascidas. De madrugada esses chefes instruíam seus filhos para transmitir toda sua sabedoria milenar. De noite era a mesma coisa, isto é, o nosso culto era forte, por isso, havia muito respeito entre os líderes de vários clãs, ou mesmo entre as diferentes tribos. Mas os missionários não gostaram e logo formaram os catequistas para rezar de manhã e de noite, antes e depois de qualquer refeição, e nomearam os capitães para destituir os nossos chefes. Surgiu, assim, o movimento religioso, chamado Ação Católica, cujo objetivo era o de acabar com as aulas tradicionais de formação de novos YAIWA e KUMUA, BAYAROA (cantores) e de toda sociedade. Acabaram, assim, os grandes chefes tradicionais; e seus instrumentos sagrados foram arrancados e enviados aos museus de Manaus, Belém, Rio de Janeiro, São Paulo, Berlim, Paris, Londres e Roma. Os nossos curandeiros morreram juntamente com tais ações, não realizaram mais suas festas tradicionais, ficaram tristes e não curaram mais suas enfermidades.

Os pajés ficaram com medo da repressão dos catequistas e capitães que seguiam o programa dos missionários. Morreram de gripe, coqueluche, sarampo, tuberculose e etc, porque segundo os padres era o castigo de Deus. E, por sua vez, os velhos diziam que era por falta de cerimônia, a falta de defumação nas casas com a resina da árvore, conhecida como HOPÉ (breu). Faltava o uso do Cigarro Sagrado e bebida tradicional para fortalecer o espírito dos curandeiros e do povo em geral.

Fomos, sim, derrotados, incompreendidos. Mas não perdemos a dignidade. Ainda vamos resistir e dessa vez usando o diálogo fraterno entre os sobreviventes sábios.

Creio que as coisas de índios devem ser tratadas como tais e por eles mesmos, sem precisar de tantos intermediários. Isso faremos dentro da UNI Nacional. Portanto, não adianta outras pessoas dizerem que somos falsos líderes ou fazerem acordos com terceiros para substituírem os nossos líderes.

COSMO-VISÕES

O POVO YE'PA MASA:
A HISTÓRIA DOS PA'MIRI MASA KITI
(A História da Humanidade)

Contribuo com o presente texto para que os contos do meu pai e do avô paterno, que faleceu em agosto de 1964, sejam apresentados para vocês: que esse conhecimento lhes sirva como instrumento político e filosófico para fortalecer o nosso povo. E se eu não fizesse esse registro, essa riqueza estaria perdida como outras tantas que já se foram.

Foi difícil, muito difícil e cansativo ouvir as histórias de nossos antigos. Nossos pais que acreditam nos ensinamentos dos avôs estavam preparados para nos transmitir as sabedorias. Foi graças à capacidade e paciência de nossos professores tribais que cultuamos os espíritos. Nossos líderes proferem ideias próprias e praticam as danças, as rezas e buscam a economia sustentável para não depender do paternalismo de terceiros.

Tudo isso, para mim, é motivo de orgulho, fruto de muito sofrimento e produto da educação tradicional. Feito isso, tenho a certeza de que as futuras gerações poderão amar o nosso povo e não terão medo da interferência de terceiros; não terão medo de serem índios e nem se sentirão como membros de uma raça inferior no Brasil. O projeto de assuntos de espiritualidade indígena é um dos caminhos para desenvolver promoções sociais, manter as tradições e adquirir novos conhecimentos para equilibrar o diálogo entre todos os povos indígenas. Boa sorte a todos!

Seja por onde for, no rio ou no caminho da roça, em qualquer lugar, toda vez que encontramos algum parente, sempre cumprimentamos e perguntamos pelo nome da pessoa. Essa pessoa nos responde em um tom animado e nos dá a informação precisa. É isso que pretendemos fazer com esse texto, que conta um pouco de nossa história familiar. Faremos, portanto, a nossa identificação perante os nossos irmãos.

Antes é bom saber o que significa a palavra filho. Segundo o Aurélio:

1. Indivíduo do sexo masculino em relação aos pais. 2. Descendente. 3. Aquele ou aquilo que é oriundo, originário, natural (de alguma terra, região, etc.). 4. Aquilo que se origina, resulta, procede, é consequência.

Outros vocábulos encontrados são delicados: filho adotivo; filho adulterino; filho bastardo; filho d'algo; filho da mãe; filho da puta; filho das ervas; filho de coito danado e filho de Deus, etc. Palavras como essas não se encaixam para o nosso clã, porque temos uma história antiga e nossos vocabulários são de respeito. Temos que respeitar outros sábios que têm muito sentido na vida dos povos que têm tradições próprias.

Homens e mulheres, jovens e crianças, temos que ter muito orgulho pelo que fizeram os nossos antepassados para educarem oralmente, com olhares vivos e fazendo sinais com os dedos ou com outros códigos que existem em nossas florestas de matas virgens, nos igapós e nas pedras.

PA'MƗRI MASA (os primeiros habitantes da humanidade) KITI (história) é o presente texto, que apresentamos para os líderes indígenas de nosso clã que queiram conhecer a História da Humanidade do Povo YE'PA MASA. A nossa história é resultado da soma dos fatos importantes, de tantas transformações de nossos antepassados, aqui, na face da terra. Somos testemunhas dessa história verídica, pois continuamos falando a língua própria como nossos antepassados e, certamente, outras gerações terão outras transformações ou processos de vida. É o desafio à continuação de nossa civilização.

Fazemos parte da história da humanidade dos povos do planeta Terra e, por isso, vamos descrever os caminhos antigos por onde vieram e chegaram os nossos antepassados nesse novo continente. Temos que conhecer a nossa História da Humanidade, para continuar educando o nosso povo que tem território próprio, as leis tribais, as cerimônias, os cânticos, as danças, a matemática e os demais conhecimentos tradicionais da biodiversidade dos nossos territórios.

Vamos falar de PA'MƗSEHE WI'SERI, dos lugares sagrados de transformações, das conquistas territoriais. Portanto, o presente trabalho demonstra a dificuldade e as conquistas de vida, da ciência, da cultura material e imaterial de nossos antepassados. Como somos muitos clãs Tukano, certamente cada um tem sua versão. A verdade dos fatos da criação da humanidade deve ser redigida por nós, que somos os conhecedores e defensores dessa causa indígena. Quem não sabe, não vai escrever mesmo e nem inventar.

Como essa história foi guardada e passada, através do meu avô paterno ɪREMIRI João e de meu pai AKɪTO Casimiro, até chegar a este registro.

Ciente das dificuldades para escrever e preservar a nossa história e obrigado a dividir o tempo para aprender os conhecimentos tribais e dos missionários colonizadores que proibiam, à época, as manifestações religiosas e artísticas de nossos povos, gravei na minha mente as cenas de resistência do meu avô. Ele era alto, bonito e forte, inteligente, falador e bem-conceituado na nossa sociedade. Ele acordava cedo e contava as histórias de sonhos, fazia previsões do dia, se ia chover ou não, orientava os filhos e noras como deviam agir naquele dia nas tarefas cotidianas. Ele descia no porto e tomava banho, bem cedo, para continuar sendo forte. Na volta, primeiro tomava o mingau quente ou manicuera bem doce (suco de mandioca brava que quando fervida se torna doce). Depois cumpria a agenda tribal com todos os filhos e com povo da comunidade; juntos comiam a pimenta com beiju e outras delícias que nunca faltavam.

Depois os homens e mulheres iam trabalhar na roça e voltavam lá pelas 15 horas ou mais. Nesse intervalo, ele me levava de canoa e ensinava a pescar e a caçar à beira do rio Tiquié; dava-me ordens para não comer carne assada e peixe assado, de modo a prevenir que não comesse terra. Na volta, a vovó Leocádia cozinhava o peixe e nos servia. Assim, quando os meus pais e tios voltavam da roça e após receber as instruções da vovó, não tinha nenhum sentido eu ficar pedindo de novo a comida. Naqueles tempos, foi assim a educação de nosso povo. O vovô era bom e rígido ao mesmo tempo. Ele escolhia o meu cardápio: comer peixe com beiju, banana, frutas de modo geral.

Em outras vezes, ele me levava à roça para catar as folhas de coca. Ele tinha a plantação de coca no meio da maniva (plantas de mandioca), uma fileira de uns 50 metros ou mais – que sempre precisa capinar. Todos os homens tinham sua plantação de umas cinco variedades de coca. Ajudar o vovô João era assunto de garoto querido e inteligente. Então, me lembro dele carregando uma cestinha para ajuntar as folhas de coca. Quando não levava a cestinha, ele pegava as folhas de embaúba e colocava as folhas de coca e depois enrolava. Assim, voltávamos da roça com pacotes de folhas de coca e mais rolos de folhas secas de embaúba para queimar e extrair o sal vegetal para temperar a coca.

A vovó Leocádia era ceramista profissional. Ela deu de presente para o vovô João uma panela de barro de uns 50 litros para torrar a coca. O vovô tinha seus ajudantes, irmãos menores. Eles acendiam o fogo, colocavam a panela de barro para esquentar, colocavam as folhas de coca para torrar e dourá-las. Eles tinham uma vara especial, em forma de uma colher. Era a vara apropriada para mexer as folhas de coca e, quando ficava dourada, derramavam numa cesta de arumã (planta fibrosa de haste lisa) para deixar esfriar. Quando esfriava, eles botavam a coca no pilão/tubo de pau-brasil de um metro de altura para socar bem. Depois, com muito cuidado, derramavam numa cuia grande. Assim, tínhamos o pó verde que era colocado num saco vegetal de fibra que chamamos tururi (uma árvore leitosa). Esse saco de ipadú media uns 50 centímetros. Era colocado na ponta da vara de dois metros, bem amarrado com o barbante de fibra de tucum (palmeira), para não derramar o pó. Feito isso, o bastão de saco de ipadú era enfiado no tubo de madeira leve. Então o mestre batia o saco de ipadú na parede interna do tubo. O saco se tornava leve e fazia mais barulho – era um momento delicado, o da extração do pó refinado de coca; e, em seguida, o pó era derramado numa cuia grande. Nesse intervalo, eu queimava as folhas de embaúba com muito cuidado, para que o vento não levasse o sal vegetal extraído para temperar o pó verde. Então, o vovô (ou outro) temperava muito bem e provava com uma colher muito especial de cartilagem do bico de tucano e consumia. Ele guardava o pó de coca numa latinha ou numa cuia apropriada. Depois, solicitava encarecidamente aos homens que fossem ao porto tomar banho, porque à noite aconteceria o encontro cotidiano dos homens.

"Quando fores grande, tu não consumirás o ipadú, pois dá muito trabalho! Estás vendo?!" – era esse conselho que ele me dava. E dizia mais: "O homem que consome coca deve receber a cerimônia para não ficar dependente da droga, porque se continuar fraco ele não terá o tempo para pescar e caçar. Cuidado!...", completava. Ele guardava a coca e ia tomar banho no porto. Na volta, ele reunia de novo os filhos, comia pouco e tomava a farinha com água. À noite, ele chamava o meu pai e outros sábios para dar aula de todas as cerimônias. Consumia a coca, fumava cigarro e ficava horas e horas narrando os conhecimentos do povo. O meu pai aprendeu esses conhecimentos para garantir e transmitir a história correta às futuras gerações de nosso clã.

Essas aulas terminavam lá pelas onze da noite. Era assim o costume dos antigos.

História da Criação

O povo YE'PA MASA fala a língua DASE YEE, que em português é mais conhecida como língua Tukano. A palavra raiz YE'PA define todos do povo Tukano, como por exemplo: YE'PA DIRO MASɨ e YE'PA BAHUARI MASɨ. Já as palavras ɨMɨKOHO DIRO MASɨ e ɨMɨKOHO BAHUARI MASɨ referem-se aos Desano, "O Povo do Tempo"; e assim por diante, segundo a definição de cada tribo/nação no contexto cerimonial. Todas as tribos e/ou nações indígenas sabem da importância desses conhecimentos e estão realizando registros de sabedoria.

Os nossos sábios disseram:

"No começo não existia o mundo. Existia o MɨKOHO ÑEKɨ, (O Avô do Mundo), ou seja, o Criador do Universo. Existia a MɨKOHO ÑEKO, a Irmã do Criador do Universo, Avó do Mundo. Existia o YE'PA Õ'AKɨHɨ (O Guia Revelador, que poderia ser traduzido como Deus na nação Tukana). O Criador do Universo perguntou à sua irmã:

– O que faremos desse imenso universo... Temos mundo, e como faremos para criar os primeiros homens na terra?

– Desde o princípio eu sou o ser feminino.

Respondeu a irmã.

– É isso mesmo! Eu sou homem e sei disso.

Disse o Criador do Universo depois de refletir bastante."

Estando nos céus, o Criador do Universo fez cerimônia no YAIGɨ (Bastão Sagrado de autoridades), no KUMURO (banco), no SÃRIRO (cone), no WAHATO (cuia) e no Mɨ'RO (tabaco). Acendeu o cigarro e soprou a fumaça por dentro do orifício do Bastão Sagrado em direção à terra para dar a Vida. A fumaça do cigarro veio parar nas águas dos mares. Essa fumaça se transformou numa vida minúscula. O fio de sangue, quase que invisível, começou a fazer a pulsação nas águas, a vida evoluiu nos mares, nos rios e nos lagos. O ɨMɨKOHO ÑEKɨ criou, assim, o DOETIHIRO, Primeiro Homem da Humanidade, que, em Tukano, chamamos de PA'MɨRI MASɨ – Primeiro Homem que teve a transformação de vida nas águas do planeta Terra. Essa é a tradução correta ou aproximada para o português.

"ɨMɨKOHO ÑEKO, realizei a Criação da Humanidade... Nós realizamos isso. Portanto, vai você até o pé do YAIGɨ que está fincado na Terra, veja e ouça o que está acontecendo", disse ɨMɨKOHO ÑEKɨ. ɨMɨKOHO ÑEKɨ fincou o YAIGɨ bem no meio da Terra, como eixo central, e definiu os quatros pontos cardeais: Norte e Sul, Leste e Oeste, que chamamos de PA'MɨSEHE WI'SÃRI (os pontos cardeais de transformações humanas).

A vida do DOETIHIRO desenvolveu-se num mundo imaginário, sagrado. Esse mundo continua existindo: acreditamos na força espiritual e no mundo imaginário, no orifício do Bastão Sagrado fincado bem no meio da Terra. É esse Bastão Sagrado invisível que dá o equilíbrio de nossa Terra.

A ɨMɨKOHO ÑEKO atendeu ao pedido do IMIIKOHO ÑEKɨ. Ela era a Deusa, sábia. Ela fez a cerimônia espiritual e foi até o pé do Bastão Sagrado, abaixou a cabeça e encostou o ouvido bem no orifício do bastão. Foi assim que ela ouviu muito barulho da humanidade na face da Terra e ficou maravilhada pela Criação da Humanidade. Ela voltou para os céus e disse:

– Está muito bem!... Está tudo certo!... Você fez com a cerimônia a Criação da Humanidade. O mundo está cheio de gerações!....

– Muito bem! Vamos esperar por aqui a vinda do PA'MƗRI MASƗ.

Disse o Criador do Universo.

Apresentação do DOETIHIRO

Em seguida, o DOETIHIRO e seus filhos PA'MƗRI MASA (primeiros homens) foram se apresentar ao ƗMƗKOHO ÑEKƗ (Criador do Universo e da Humanidade) num local e/ou numa casa sagrada de muita luminosidade. O DOETIHIRO e todos os filhos estavam bem ornamentados. Tinham nas mãos o YAIGƗ (Bastão Sagrado); U'KARO (cocar), BƗSARI BE'TO (cordão); DASIATU BE'TO (cinto sagrado feito com os dentes de onça) e outros enfeites cerimoniais. Tudo isso aconteceu no PA'MƗRI WI'I (Casa de Transformação de Vida) de acordo com as cerimônias de criação do ƗMƗKOHO ÑEKƗ. Foi um cenário muito lindo, pois todos os homens estavam com seus enfeites e instrumentos sagrados na Casa da Criação da Humanidade. O pátio do Criador do Universo e da Humanidade ficou lotado de descendentes do DOETIHIRO.

Convocado por ɨMɨKOHO ÑEKɨ, o DOETIHIRO entrou com seus filhos na Casa Sagrada tocando a Banda Musical de Flautas Sagradas – que em nossa língua se chama Mɨ'RO PAɨ ou MIRIA PÕ'RÃ – e fez a seguinte entoação de cântico sagrado:

– SOHOO... HO... HO... HO... HO!... (três vezes pausadamente). Kɨ ɨMɨKOHO ÑEKɨRE, MASAKARIKɨHɨ MASɨ... (Sou a criatura do ɨMɨKOHO ÑEKɨ...)

O ɨMɨKOHO ÑEKɨ estava sentado no banco sagrado, bem no fundo da Casa Sagrada e, quando ouviu a saudação do DOETIHIRO, disse:

– ɨMɨKOHOO ÑEKO, veja lá se é mesmo o DOETIHIRO, o PA'MɨRɨ MASɨ. Você é o DOETIHIRO, o PA'MɨRI MASɨ?

– Sou eu mesmo, SU'RIÃ ÑEKO (Avó da Humanidade). Sou o PA'MɨRI MASɨ, aquele que nasceu com a bênção do ɨMɨKOHO ÑEKɨ, dentro do espírito do Bastão Sagrado.

Completou:

– Sou o DOETIHIRO, o filho do ɨMɨKOHO ÑEKɨ que veio da força do sopro.

Depois de ter o diálogo com o DOETIHIRO, a Avó do Mundo foi até ɨMɨKOHO ÑEKɨ e disse:

– É o DOETIHIRO, o Primeiro Homem da Humanidade, o PA'MɨRI MASɨ.

– Muito bem.

Disse ɨMɨKOHO ÑEKɨ.

O Criador do Universo estava pronto para entregar ao DOETIHIRO os instrumentos sagrados da vida.

– Vou entregar os bancos sagrados e mande ele estar atento.

Disse ɨMɨKOHO ÑEKɨ.

O DOETIHIRO, antes de se apresentar ao Criador do Universo, já tinha feito a cerimônia espiritual no cigarro e defumou todas as famílias presentes naquele momento para receber os instrumentos sagrados que usamos até os dias de hoje (bancos, cones, bastões, cuias, tabaco e outros). Nesse instante, a Casa Sagrada do Criador do Universo recebeu a Luz do Raio. Foi muito rápido, indescritível. A casa estava repleta de todos os instrumentos sagrados. Foi o grande milagre para nossa humanidade.

Em seguida, o DOETIHIRO dançou e cantou os cânticos sagrados na Casa Sagrada de Quartzo, Casa de Ouro, na Casa da Luz do Criador do Universo. DOETIHIRO estava feliz. Todos tomaram muitos tipos de bebidas e ayahuasca, fizeram muitas cerimônias naquela noite. Foi a primeira festa de nossa humanidade.

O Surgimento da Canoa de Transformação da Humanidade

A festa terminou no dia seguinte, por volta das 9 horas. Todos descansaram. Nesse momento, o DOETIHIRO chamou a irmã dele, que era a YE'PARIO – PA'MɨRI MASO (a Mulher que deu a Origem), YE'PA BAHUARI MASO (a Mulher mais Antiga da Humanidade) – para ter uma conversa. Disse o DOETIHIRO:

– Pega esse ralo e o lave no porto, por favor!

YE'PARIO levou o ralo na cabeça em direção ao porto. Chegando por lá, deixou boiar o ralo nas águas. Não deu muita atenção e voltou para casa. Em seguida, desceu de novo ao porto para cuidar de limpar a sujeira do ralo. E teve a surpresa indescritível: o ralo tinha se transformado num barco misterioso, cheio de luzes, muito bonito.

Esse foi o PA'MƗRI YUKƗSƗ, o Barco de Transformação da Humanidade. Tudo isso aconteceu no mundo do DIA ÕPEKÕ TA'TIA (o Lago de Leite Materno). O barco tomou o formato de "cobra grande". Era PA'MƗRI YUKƗSƗ (a Canoa de Transformação) ou PA'MƗRI PIɄRO (a Cobra de Transformação da Humanidade).

Os Filhos do DOETIHIRO

Esses são os nossos chefes tradicionais mais importantes, de nosso Povo, os YE'PA MASA ou PA'MƗRI MASA – Os Primeiros Homens:

1) OA KAPEA, mais conhecido como WA'URO
2) SERIBIHI OYE
3) YU'PURI MIMI SIPE
4) YU'PURI PAMO

Nós, os YE'PA MASA, somos os descendentes do DOETIHIRO, o primeiro homem do mundo que foi criado pelo ƗMƗKOHO ÑEKƗ. O DOETIHIRO teve o prazer e a felicidade de dialogar com o Criador do Universo. Como ele foi criado numa época em que o mundo não tinha tantas histórias dos povos, em que não existiam tantas doenças, viveu durante muitos séculos, teve esposa, viu as gerações de seus filhos, netos e bisnetos e habitou no Outro Lado da Face da Terra, mais conhecido por nós como ƗMƗKOHO TA'TIA (o Fundo do Oceano Atlântico). Alguns chamam de WAMƗ DIA (o Grande Mar), o outro lado do mundo por onde começou a história de nossa civilização.

Segundo o meu pai AKƗTO, a transformação de nossas vidas começou no mar, nas águas e, por isso, antigamente, éramos os WA'I-MASA (Gente-Peixe), os espíritos e/ou habitantes das águas que, depois de milhões de anos, foram tomando corpo e ocupando os espaços na superfície do planeta Terra. Em si, o Homem desenvolveu-se mais rápido do que outros animais que continuam vivendo nas Casas Sagradas das águas dos rios, lagos e mares. Passaram alguns milhões de anos, morreram homens e animais.

Mas a evolução do homem não parou só nas águas, mas por mais outros milhões de anos a nossa evolução aconteceu em terra firme. Não foi de um dia para outro, essa mudança aconteceu do tipo girino, que consegue sair da água para a terra. Passado muito tempo, o homem esteve sujeito à adaptação do clima e meio ambiente como um todo e fez outro capítulo da evolução da humanidade.

Éramos "os homens desajeitados", estranhos em terra firme: passando pelas extremas mudanças de clima, o Homem se tornou peludo, mais parecido com o macaco. Esse homem-macaco tinha rabo, o que não agradou ao ƗMƗKOHO ÑEKƗ, que disse: "Vou cortar a cauda". Ele cortou o rabo e viu que o Homem era mais bonito, mais habilidoso para andar e correr, diferente de outros animais que não eram inteligentes como ele. Essa inteligência do ƗMƗKOHO ÑEKƗ só foi dada ao homem-macaco porque este recebeu uma missão para fazer mais criações na face da terra que já era ocupada por milhares de animais.

A Mulher Criadora, YE'PA BƗKƗO (A Mais Antiga Criadora), a Avó do Mundo, secretária/irmã do ƗMƗKOHO ÑEKƗ, no mesmo período em que acontece o desenvolvimento da vida do DOETIHIRO, exerce funções importantes para cuidar do planeta Terra. Do corte do rabo resta o cóccix, conhecido em nossa língua como Õ'ÃKƗHƗ DITEKA TUTURO (o corte de Deus). Todo homem tem o cóccix, basta passar a mão e pensar bem como mudamos.

Naquela época, depois que o homem se desenvolveu na Terra, houve o casamento dos primeiros homens para que houvesse o povoamento em toda face da Terra. Um dos povos foi o nosso, YE'PA MASA, tendo como principal personagem o DOE-TIHIRO que sempre teve o contato com ƗMƗKOHO ÑEKƗ que, por sua vez, instruiu-lhe sobre todos os tipos de cerimônias e cânticos; e lhe deu todos os instrumentos sagrados, em pares, masculino e feminino, para serem usados na educação de seus filhos.

ƗMƗKOHO ÑEKƗ criou e apresentou ao DOETIHIRO todos os animais existentes na face da terra, todos os tipos de peixes que vivem nas águas e todas as plantas espalhadas nesse continente. Muitos animais e plantas que ele conheceu foram classificados e receberam os nomes próprios. Esses códigos são conhecidos por nós até nos dias de hoje, menos para certos índios que não aprenderam as lições tradicionais com seus pais.

DOETIHIRO dominava o mundo e deu nome a todos os seres, por exemplo: BUÛ era a cotia; BU'Ú o tucunaré e BU'U o monte; PETÂ é o porto e PETÁ é a tocandira, que é inseto que ferra e é temido pelos índios; MA'Â é caminho, MAÂ é riacho e MÂ'A "pronto, toma", etc. Então, como vimos pelos exemplos, a nossa língua é tonal, muito difícil para quem não é YE'PA MASA. Com a experiência de tanto tempo vivendo em diferentes lugares, o nosso povo realizou muitos capítulos da História da Criação do Mundo.

Éramos um povo culto: conhecíamos a astronomia e, através dela, dominávamos a agricultura, a navegação, o manejo da floresta e a domesticação de animais; interpretávamos os sonhos e tínhamos poderes da clarividência, inclusive com a leitura dos sinais da natureza; nossos sábios curavam as doenças apenas com bênçãos e plantas medicinais.

O DOETIHIRO gerou filhos e filhas, assim teve início a gênese dos clãs. Desde os primeiros tempos, coube aos primogênitos de cada família a obrigação de cuidar dos irmãos menores, e dos menores serem unidos e fortes junto aos irmãos mais velhos. Essa responsabilidade política perdura até hoje em nosso meio. Com o passar dos tempos, estes clãs criaram muitas gerações internamente e assim começou a subdivisão dos clãs e o crescimento demográfico foi altíssimo.

Ao falar sobre o evento da Criação do Homem no Mundo, estamos lembrando de ITÃ BOHO TA'TIA (a Casa Sagrada de Quartzo). Esse capítulo trata de nossa civilização, que começou no outro lado do mundo. Aqui, consideramos importante o uso dos instrumentos sagrados: YAIGɨ (o Bastão Sagrado), símbolo da autoridade tradicional, masculino e feminino (são dois). E o maior símbolo de autoridade exibido até hoje pelos BAYAROA (Mestres de Cerimônias de Cânticos Sagrados).

Naquela época, estes mestres eram respeitados por todos, dominavam os conhecimentos espirituais para curar ou matar, fazer bem ou mal. Nossos KUMUA (rezadores) estudavam as cerimônias de todo tipo; nas noites, estudavam as constelações, as influências do sol e da lua na face da Terra, as épocas de enchentes e das vazantes e as estações do ano, criando um calendário astronômico que funciona até hoje. Assim, temos o tempo certo para fazer as roças, preparar as armadilhas para peixes e caças e, em cada ano, temos fartura e frutos para realizar o ritual do PO'ORI NɨMɨ – dia de oferta de peixes ou de frutas para outras famílias.

Catástrofes e Jornada ao outro Lado do Mundo, até a Parede de Gelo de Quartzo

Não temos a informação precisa ou escrita. Mas, segundo a versão oral, tudo aconteceu no tempo dos IɨTÃ MASA ou PA'MɨRI MASA (na Idade da Pedra). Muitos séculos se passaram. Nos primeiros tempos de nossa humanidade, também aconteceram problemas sociais. Por exemplo, a superpopulação. A comida ficou difícil, morreram homens de muitas gerações, aconteceram vários processos da história de nossa humanidade, sendo preciso buscar os novos lugares.

E como os nossos antepassados eram muito estudiosos e inteligentes, vendo que o mundo tinha sido bem povoado pelos

PA'MƗRI MASA – os Primeiros Habitantes do Mundo – usaram o Bastão Sagrado YAIGƗ e outros instrumentos sagrados (bancos, cones para por a cuia sagrada de coca, porta-cigarros). Eles ficavam sentados nos bancos sagrados feitos de quartzo e de outras qualidades de pedra. Com as pedras, eles fizeram os cones, as cuias para colocar o PAATU ("o pó de coca"), os porta-cigarros.

Os nossos antepassados dominavam os conhecimentos da biodiversidade, tinham coleções de coca, tabaco, KAPI (ayahuasca), etc. Durante os encontros, eles faziam a retrospectiva da vida, pois, naqueles tempos aconteceram catástrofes, o mundo pegou fogo, houve o dilúvio, fora as pragas que abalaram os seres humanos e outros animais da face da Terra. Foram as lições que o mundo deu a todos os homens dos primeiros milhões de anos.

YAIGƗ era instrumento sagrado quase que mágico e serviu para realizar as grandes descobertas, por exemplo: novos mares, rios e novos continentes. Serviu como instrumento de medida, como um compasso, símbolo do poder tradicional, impondo ordem e respeito a todos. Podemos dizer, também, que é uma espécie de ponte de comunicação com ƗMƗKOHO ÑEKƗ, abrindo a mente do DOETIHIRO para realizar e construir o barco para navegar e cumprir as cerimônias de defesa espiritual para enfrentar os perigos, pois naquela época tudo era difícil e perigoso.

Pelo visto, os nossos antepassados eram os sobreviventes de tantas catástrofes e tiveram a tarefa de reconstruir a humanidade: implementar agricultura, pesca, educação, a manutenção das línguas e a defesa territorial. Segundo a informação do finado vovô paterno ƗREMIRI (João), já que o mundo ficou bem repovoado e depois que o fogo e dilúvio cobriram a face da terra, o Homem DOETIHIRO não quis continuar vivendo nos lugares perigosos. Ele reuniu toda família para discutir a respeito da grande viagem que faria. O ƗMƗKOHO ÑEKƗ pediu que DOETIHIRO se inspirasse nas Quatro Casas Sagradas (o Mundo sagrado; o Mundo do Leste; Ocidente do Sul e o Mundo do Centro) que são os pontos cardeais. Os nossos antepassados já tinham, como vimos, o barco que simbolizava a Cobra Grande, e eles conheciam os caminhos das águas.

É nessa parte da história que nos lembramos da cobra SEƗE (Cobra-Grande), figura mitológica que, com seu enorme rabo, impediu o vazamento do Grande Rio para o mar. Começou, então, a formação de um lago e/ou represa muito grande que cobriu a face da Terra. Foi assim que aconteceu o grande dilúvio, a água encheu a face da Terra e matou muita gente e animais. Os homens e animais se espalharam pelo mundo, nas ilhas ou nos continentes.

Depois de muitos anos, quando o mundo já estava bem recuperado pelos homens e meio ambiente, a Cobra-Grande vomitou o fogo sobre a terra e matou muita gente. Assim, aparece o mito do encontro dos pássaros que tinham medo de morrer. O TUUPI (calango da água) disse:

– Ah! Eu não vou morrer não. Vou mergulhar nas águas...

Outros animais lhe disseram:

– Você não vai escapar. As águas vão ferver, e isso é o que vai matar você e todos os peixes dos mares...

O calango chorou, e muito. Aparece a figura mítica YAIRO (rolinha do mato). Convoca todos os sacerdotes tribais. Faz cerimônia de proteção numa cuia. E quando o mundo começa a pegar fogo, sim, toda família de YAIRO fica por debaixo daquela cuia sagrada. A cuia não pegou fogo. Somente a família YAIRO é que sobreviveu. De resto, todos os homens e animais morreram queimados. São lendas? O que vocês acham que aconteceu antigamente?

Como sinais de que o mundo pegou fogo, encontramos os paredões de argilas pretas com cores variadas às margens dos rios de nossa região. Naturalmente, os geólogos, que não são do povo Tukano, têm mais informações sobre a formação das camadas da Terra. Porém, os Tukano, através destas histórias e observações, também têm a descrição e conhecem a formação das camadas de terra. Segundo o finado vovô João, ꟾREMIRI, a nossa seria a terceira geração que ocupa a face da Terra.

Por sermos dotados de inteligência, ainda cultuamos todos os ensinamentos que o DOETIHIRO nos deixou. Lembramos dos filhos dele que foram os nossos antepassados. Quem não aprendeu com o pai ou com o avô essas histórias, não sabe como o homem sofreu no mundo por causa de catástrofes.

Em nossas conversas, sempre nos lembramos dos antigos povos – PA'MꟾRI MASA – e falamos do ITÃ BOHO ꟾMꟾKOHO TA'TIA (parte de quartzo do mundo, ou seja, o mundo duradouro que nem o quartzo). Essa frase é linguagem de cerimônia e dá para entender que esse mundo fica na outra face da Terra que se chama WAMꟾ DIA. Os PA'MꟾRI MASA nasceram no outro lado da Terra. A primeira e a segunda catástrofe, de fogo e dilúvio, aconteceram enquanto os nossos antepassados viviam no outro lado da Terra. É muito evidente que os sobreviventes procuraram um mundo mais seguro para esquecer tantos sofrimentos.

O PA'MƗRI YUKƗSƗ (Canoa de Transformação) estava à disposição do DOETIHIRO e seus filhos. O jeito era saber usá-lo. A vida estava em constante transformação. Depois de pensar muito, o DOETIHIRO embarcou na canoa com seus filhos. "Já temos esse imenso Barco de Transformação de nossa Humanidade", disse o DOETIHIRO. Ele morava no compartimento central da canoa, realizava as cerimônias e ensinava a seus filhos. O passado era como se fosse presente: o DOETIHIRO era a Vida na Água; era Peixe-Gente; vivia dentro do espírito do PA'MƗRI PHƗRO (Cobra de Transformação da Humanidade). E era o corpo e vida desta canoa de grandes conquistas que nos trouxe nos altos mares enfrentando tantos perigos. Dizem os sábios que, naquela época, existiram homens gigantes e suas pegadas foram marcadas nas pedras, igualmente às de animais das florestas e das águas. O barco tinha de navegar no fundo das águas para fugir dos animais gigantes que queriam atacar os homens. Antigamente, o nosso povo era WA'I MASA, os Peixes-Gente.

A origem do povo WA'IKAHARÃ (nação Piratapuia): gente do Povo Peixe

O Homem WA'IKƗHƗ MAKƗ (Homem-Peixe, hoje povo ou nação Piratapuia) foi o responsável por pegar o timão do Barco de Transformação. O Homem WA'IKɨHɨ MAKɨ é o PA'MɨRI MASɨ: Homem-Peixe da Idade da Água. Foi o mais importante da nossa História de Transformação da Humanidade, por ter sido o prático conhecedor dos caminhos dos mares sagrados que trouxeram o DOETIHIRO e seus filhos para esse continente. Eles vieram do WAMɨ DIA (o Grande Mar) que fica no outro lado do mundo e não sabemos quanto tempo que durou a transformação do Homem nas águas. Com o passar do tempo, a história foi sendo modificada, porque os peixes-homens estavam tomando corpo de gente e não chamaram mais sua embarcação de PA'MɨRI YUKɨSɨHɨ (Canoa de Transformação) e sim de PA'MɨRI PɨHRO (a Cobra de Transformação).

PA'MɨRI TA'TIA ou DIA ÕPEKO TA'TIA:
O Paredão de Pedra de Gelo de Transformação

O Barco de Transformação vinha flutuando no alto mar. O DOETIHIRO vinha tão bem, todos familiares estavam felizes. Pelo meio da viagem, o DOETIHIRO se deparou com ɨMɨKOHO TA'TIA (Paredão de Gelo ou Mundo Gelado). O paredão era muito alto, tinha muita luz e muito mistério; e era de muita profundidade, o que impedia a passagem do barco. Essa foi a primeira atenção do mundo que o navegador recebeu por parte do ɨMɨKOHO ÑEKɨ. A viagem foi interrompida e houve a inquietude de toda tripulação. O DOETIHIRO disse: "Esse é o Paredão de nossa Transformação da Humanidade". Reuniu todos os sábios e perguntou-lhes: "E agora? O que vamos fazer e por onde vamos passar?". Eles viram o paredão que vinha do fundo das águas e que subia até o céu. O peixe-homem que vinha dirigindo o barco também não entendeu nada... Esse sinal foi para dizer que o ensinamento da sabedoria é muito difícil para os homens.

DOETIHIRO ficou pensativo, e muito. Mas não encontrou nenhuma saída para prosseguir sua viagem. Então, chamou YE'PA BɨKɨO (A Mais Antiga Criadora do Mundo) para ter diálogo, pois estava tudo difícil. Depois de muita conversa, pediu para que YE'PA BɨKɨO subisse até os céus para ter uma conversa com ɨMɨKOHO NEKɨ a respeito da viagem que estava impedida pelo paredão de gelo. Ele queria prosseguir a viagem, movimentar o barco cheio de homens, jovens e crianças que estavam cansados.

O barco estava parado e fazia ebulição nas águas, soltava o gás que se formava em espuma. Nesse momento, voltou dos céus a YE'PA BɨKɨO com a seguinte mensagem que foi dita pelo ɨMɨKOHO ÑEKɨ: "Eu já ensinei todos os cânticos e cerimônias sagradas; dei-lhe todos os instrumentos sagrados da vida... Mande DOETIHIRO apontar e tocar na parede de quartzo gelada com a ponta do Bastão Sagrado". Essa foi a orientação do ɨMɨKOHO ÑEKɨ.

DOETIHIRO se lembrou de todas as instruções religiosas que aprendeu com o ɨMɨKOHO ÑEKɨ. Pensou nas coleções sagradas de bancos, bastões, cones, cuias, cigarros e fez cerimônia para realizar as grandes viagens. Colocou a coca na boca e fez a cerimônia em cima do cigarro. Quando terminou, assoprou a fumaça no Bastão Sagrado, apontou e tocou no paredão de gelo de quartzo. A parede simplesmente desmoronou. Assim, o DOETIHIRO fez aparecer o imenso firmamento azul no mar e nos céus e toda a dificuldade da navegação foi resolvida graças à cerimônia. Depois que a parede desapareceu, o Barco de Transformação pôde continuar o longo trajeto, rumo ao Novo Mundo.

Diziam os velhos que as cerimônias que aprendemos com os KUMUA (sábios) são para resolver os problemas sociais. Não usar a inteligência e nem aprender as cerimônias é a mesma coisa que enfrentar o paredão de gelo marítimo. Eis a parábola...

DOETIHIRO e toda tripulação ficaram contentes, porque descobriram uma passagem para conquistar o Novo Mundo. O barco começou a navegar sem dificuldade. E foi assim que começou outro capítulo de nossa civilização naquelas épocas. O toque de bastão na parede de quartzo foi um grande milagre que aconteceu como força da grande cerimônia para que houvesse percurso seguro da navegação na história de nosso povo. O espírito de DOETIHIRO tinha sido revestido pelas forças misteriosas de todos os instrumentos sagrados. Ele chamou a essa parte do mundo de DIA TA'TIA WI'I (Parte da Historia das Águas), DIA MO'RERA WI'I (parte da História da Ebulição das Águas), DIA ÕPEKO DITARA WI'I (parte da História do Lago de Leite).

Depois de muito tempo de viagem, o barco veio à tona; saíram gases do barco que estava no fundo do mar. Aconteceu a ebulição das águas. Essa engenharia chamou muita atenção de todos os tripulantes e passageiros, pois o barco era equipado para navegar no fundo dos mares podendo, de vez em quando, flutuar como quaisquer outros barcos, jogando para fora a água contida dentro. A esse tipo de funcionamento mecânico, os nossos antepassados simplesmente chamaram DIA WƗASEHE (a ebulição das águas do barco). No entanto, isso era uma indicação de aproximação do local de destino de nosso povo, conhecido como DIA MO'RERA WI'I (local da Ebulição das Águas do Barco) ou DIA ÕPEKO DITARA (o Lago de Leite Materno), hoje Rio de Janeiro na língua de branco. DOETIHIRO explicou a todos os filhos que estava chegando o fim da viagem. Era isso mesmo.

A chegada do DOETIHIRO neste Novo Mundo: lembrança dos primeiros ancestrais nestas terras

Os primeiros filhos do DOETIHIRO (irmãos maiores) têm os nomes sagrados:

Primeiro: YE'PA OA KAPEA;

Segundo: YU'PURI WA'URO;

Terceiro: SERIBIHI OYE;

Quarto: YU'PURI MIMI SIPE, e o

Quinto: YU'PURI PA'MO.

Estes eram os nossos chefes tradicionais. Todos receberam as cerimônias espirituais antes de pisar na terra do Novo Mundo. Todos se prepararam bem para o desembarque solene. Eles conheciam todos os cânticos sagrados, tinham as bebidas sagradas e se lembraram de todas as instruções dadas pelo ƗMƗ-KOHO ÑEKƗ.

Os irmãos menores dos cinco primeiros filhos do DOE-TIHIRO receberam todas as instruções de cerimônias sagradas para não serem dependentes entre si. Na nossa tradição, chamamos a eles AKABIHIRÃ (irmãos menores) ou ÑEKɨ SɨMɨA (SɨMɨA quer dizer "avôs"), irmãos sábios nos assuntos de cerimônias tradicionais.

São estes os nomes sagrados dos outros filhos do DOE-TIHIRO que chegaram ao Novo Mundo (irmãos menores):

Sexto: SERIBIHI; era BAYA e KUMU;

Sétimo: YU'PURI; era BAYA e KUMU;

Oitavo: ɨREMIRI; era BAYA e KUMU;

Nono: YE'PA SU'URɨ; era BAYA e KUMU;

Décimo: ÃHUSIRÕ; era BAYA e KUMU;

Décimo Primeiro: AKɨTO; era BAYA e KUMU;

Décimo Segundo: BU'U; era BAYA e KUMU;

Décimo Terceiro: WESEMI'I; era BAYA e KUMU;

Décimo Quarto: Kɨ'MARO; era BAYA e KUMU;

Décimo Quinto: DOE; era BAYA e KUMU;

Décimo Sexto: ÑAHORI; era BAYA e KUMU;

Décimo Sétimo: SERIBIHI ɨRE MIRI; era BAYA e KUMU;

Décimo Oitavo: YE'PA SU'RI ÃHUSIRÕ; era BAYA e KUMU;

Décimo Nono: AKɨTO BU'U; era BAYA e KUMU;

Vigésimo: WEESEHEMI'ɨ KɨMARO; era BAYA e KUMU;

Vigésimo Primeiro: DOE ÑAHORI; era BAYA e KUMU e

Vigésimo Segundo: YE'PA SO'EI; era BAYA e KUMU.

Por sermos descendentes desse povo antigo é que, até os dias de hoje, quando o ambiente se torna problemático, todo e qualquer homem busca outros lugares. Logo, somos os povos livres para andar, para mudar de lugar e construir as nossas famílias para continuar vivendo como povos distintos, trabalhar, educar, dançar e cuidar de nosso meio ambiente.

Não sabemos exatamente durante quanto tempo que os nossos antepassados trocaram ideias para realizar a grande viagem do povo pelo mundo. Não resta dúvida de que eles já conheciam uma boa parte do mundo, porque até hoje continuamos mudando de lugares depois que sabemos para onde vamos. Fica claro, portanto, que muitos de nossos primeiros homens eram navegadores e que já conheciam as rotas marítimas porque, caso contrário, não teria acontecido a grande navegação.

Os encontros tribais são importantes porque são oportunidades para falar das coisas antigas, as nossas cerimônias. Antes das festas tradicionais, os velhos reúnem todos os filhos e passam o tempo narrando as histórias antigas de cada tribo e falam de seus primeiros homens na face da Terra e da conquista feita por eles.

Nos dias marcados para a realização de nossas festas, temos a oportunidade para discutir os nossos saberes. São momentos em que os novos sábios trocam as informações de conhecimentos tradicionais. São dias de reuniões de grandes famílias para tomar a bebida fermentada que é o caxiri de várias qualidades.

Quem é KUMU e BAYA prepara bastante PAATU (pó de coca) e MƗRO (tabaco de várias qualidades), que serão consumidos nos momentos mais importantes do encontro dos sábios. Esses conhecimentos identificam as nossas tribos, porque eles, os sábios, estudam as cerimônias importantes para a segurança da vida de seus filhos, conseguem fazer o intercâmbio cultural e defendem a harmonia entre os povos. Nesses momentos solenes o povo YE'PA MASA sempre saúda os visitantes e fala com muito orgulho sobre o DOETIHIRO que foi o Primeiro Homem da Humanidade.

O desembarque solene do DOETIHIRO e seus filhos no DIA ÕPEKO DITARA (O Lago de Leite Materno)

Depois de longo trajeto, o DOETIHIRO e seus filhos, que descrevi nos parágrafos anteriores, finalmente desembarcaram e ocuparam o DIA ÕPEKO DITARA. Relembrando: a vida humana começou no mar, durante muitos anos. Agora ele está indo morar na terra firme. Descrevemos também como foi difícil navegar, fugir de grandes animais que queriam atacar os homens e, por isso, o barco subia ou descia no fundo das águas.

A Canoa de Transformação do DOETIHIRO atingiu o objetivo final quando parou na atual Baía de Guanabara. O PA'MƗRI YUKƗSƗ (o Barco de Transformação da Humanidade) ficou flutuando no meio do Lago da Baía da Guanabara. Essa foi a nossa verdadeira conquista do Novo Mundo, o nosso território sagrado.

O DOETIHIRO realizou todas as cerimônias dentro do barco, onde estavam todos os instrumentos sagrados que foram dados por ɨMɨKOHO ÑEKɨ. Pegou o breu e o cigarro para benzer os espíritos de todos os filhos, filhas e netos. Em seguida, houve a defumação de breu na terra e acendeu o cigarro e soprou a fumaça na praia.

Depois, os músicos pegaram e tocaram Mɨ'RO PAɨ ou MIRIÃ PÕ'RÃ (as flautas sagradas) e saíram do barco. As bandas musicais sempre existiram e, por isso, aconteceu o desembarque solenemente organizado. Cada família foi saindo em direção à praia para fazer concentração. Depois que acabou a solenidade, homens, mulheres, jovens e crianças fizeram o reconhecimento da terra firme e ocuparam aquele lugar. Quanto ao número da tripulação, nossos sábios nunca tiveram uma noção exata, a não ser a palavra PAHARÃ, o que quer dizer "que eram muitos homens".

O Lago de Leite Materno, as praias e as florestas eram todas lindas. A razão para chamar de Lago de Leite Materno é que, por lá, os primeiros homens projetaram e esculpiram uma pedra enorme parecida com um peito de mulher que amamenta os Homens da Terra. Na visão do Tukano, hoje, a pedra do Pão de Açúcar simboliza a "terra-mãe que dá vida ao homem mamífero" – significa mundo de fartura, sem miséria: mundo de paz e de prosperidade. Os primeiros homens conheceram as praias lindas e deram o nome de PA'MɨSEHE NUKUPORI (Praias de Origem de uma Nova Vida) ou MASA PUTISEHE NUKUPORI (Praias de Amores da Humanidade).

Nós somos o DIA ÕPEKO MASA, "Povo Mamífero da Água, que veio para terra firme". Nas nossas cerimônias, sempre narramos sobre o Lago de Leite Materno quando realizamos cerimônias da vida de nossos filhos. Aquele local foi muito especial para morar e criar muitas gerações com os conhecimentos próprios para assegurar a política de educação, saúde, alimentação, comunicação e defesa espiritual para proteger o território. Foi nesse novo território que os nossos antepassados cultivaram e, até nos dias de hoje, mantêm as várias coleções: milho, mandioca, KAPI (ayahuasca), PAATU (coca), MƗ'RO (tabaco), para dar continuidade à vida e tradições de nossos povos.

Os territórios conquistados pelos nossos antepassados e o significado das montanhas e serras do Rio de Janeiro e outras partes do Brasil

As regiões Sul e Sudoeste, para nós do povo Tukano, correspondem à região Sudeste dos mapas oficiais do Brasil; e foi onde aconteceu a nossa conquista nos campos e matas. A região recebeu o nome de DIA DƗKƗ PAƗ WI'I, o que quer dizer: terra de mandioca, terra fértil de milho, tabaco, coca, KAPI, pimenta e outras coleções de plantas. Ao redor do DIA ÕPEKO DITARA (Lago de Leite Materno) existem muitas montanhas e serras. Para quem é sábio (KUMU, BAYA e YAI), todas aquelas montanhas são as Casas Sagradas de nossos antepassados. Nelas habitam os espíritos de nossos sábios, que durante os sonhos ensinam aos homens as histórias e cerimônias de nossos povos. Quando o KUMU e BAYA dormem, seus espíritos realizam visitas nas Casas Sagradas. Os espíritos fortes podem causar doenças e mortes aos nossos filhos. Por isso, temos que fazer as cerimônias de proteção espiritual, temos que ter nós mesmos, espíritos fortes, positivos. Essas montanhas chamam-se: PA'MISEHE WI'ISERI (Casas Sagradas de Transformação). Quando os homens fazem ocupação forçada para construir suas casas, certamente os espíritos não gostam. Como castigo, eles poderão mandar chuvas, relâmpagos, muito vento para derrubar árvores e casas. Os homens têm que ter essa consciência: coisa sagrada é coisa sagrada. Não podemos desrespeitar os templos sagrados dos espíritos de nossos antepassados.

Depois de muitos anos da conquista do Novo Mundo, a segunda etapa foi a expansão territorial no sentido norte, porque um dos objetivos era alcançar a metade do mundo, para ficar mais próximo do caminho do Sol e da Lua. A ocupação foi lenta, fazendo-se o reconhecimento da terra, sempre levando as mudas das coleções de mandioca e todos os tipos de milho e outras plantas. Uma parte de nosso povo viajava por terra, construíam comunidades e plantavam suas coleções de mandioca. Outros homens iam pelo mar para pescar e navegar; percorriam o litoral passando pelo DASIA PAKARA DI'TA (Terra de Camarões Grandes), atual região da Bahia.

Depois de muitos anos de viagem, os nossos antepassados passaram na MOA DI'TA Terra do Sal, atual Nordeste. Em nossas cerimônias, poucos sábios narram a respeito dessas passagens, porque não marcaram fatos importantes na História da Humanidade. Essa rota aparece registrada nos desenhos rupestres por onde os nossos antepassados passaram, pois estes ainda eram IꞀTA MASA (Homens da Idade de Pedra).

Segundo o meu avô e o meu pai, aconteceram dispersões das famílias por falta de unidade de ideias, pelo cansaço e/ou por livre e espontânea vontade. Eles faziam as roças, moravam anos e prosseguiam a viagem. Nesse período tiveram muitas gerações, ou seja, muitos morreram e outros continuaram a viagem. Os nossos antepassados, que eram muito religiosos, sempre deram os nomes de seus pais para as novas gerações em homenagem aos mesmos, a fim de manter a tradição e seus costumes.

A ocupação que se fez no sentido norte, após passar pelas Terras de Grandes Camarões e do Sal, resultou em muitas descobertas geniais. Por exemplo, foram os nossos antepassados que descobriram a atual MIPI NꞀKꞀRO (Ilha das Palmeiras de Açaí – hoje Marajó), que fica na foz do rio Amazonas. Ficaram nesse lugar durante muitos anos, introduziram a atual civilização e imprimiram os desenhos rupestres; também desenvolveram artes na cerâmica e até fizeram as urnas funerárias.

Nesse local, eles descobriram muitas espécies de palmeiras como, por exemplo: ÑUMU (bacaba) de várias qualidades; ÑUMU PAKA (patauá) de várias qualidades, MIPI (açaí); NE'E (buriti) e muitas árvores frondosas. Chamaram a essa terra MIPI DI'TA (Terra de Açaí, Terra das Palmeiras) ou então de Terra de Árvores Frondosas, Terra da Floresta Alagada, Terra Firme. Nela foram encontrados grandes rios, como o AKO BUTIRI MAA, o rio de Água Barrenta (Amazonas). O povo YE'PA MASA ficou maravilhado quando descobriu o lugar que tinha tanta riqueza natural: muita água doce, muita floresta cheia de árvores frutíferas, muito peixe, muitos pássaros, muitos animais e muita terra. Nessa terra, aconteceram muitos fatos na História de Transformação da Humanidade.

Ao encontrar um novo mar, desta vez de água doce, como a Bacia Amazônica, houve a necessidade de fazer uma cerimônia para a criação de uma nova humanidade. E muitas histórias vieram depois para serem contadas.